# 特長と使い方

## ◆ 15 時間の集中学習で入試を攻略！

1 時間で 2 ページずつ取り組み，計 15 時間（15 回）で高校入試直前の実力強化ができます。強化したい分野を，15 時間の集中学習でスピード攻略できるように入試頻出問題を選んでまとめました。

★ 重要
入試によく出題される問題です。

差がつく
間違えやすい問題です。正解することで，まわりと差をつけることができます。

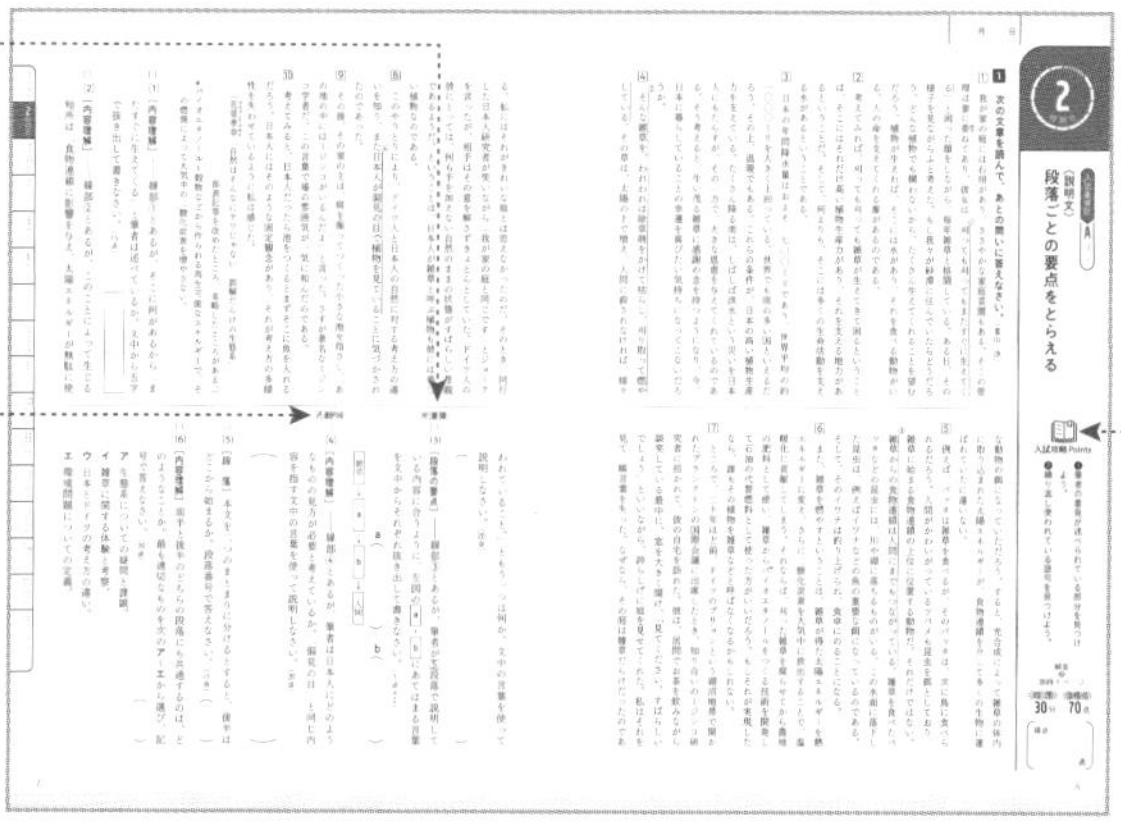

入試攻略Points
入試で問われるポイントと，その対策をまとめています。

## ◆「総仕上げテスト」で入試の実戦力 UP ！

総合的な問題や，思考力が必要な問題を取り上げたテストです。15 時間で身につけた力を試しましょう。

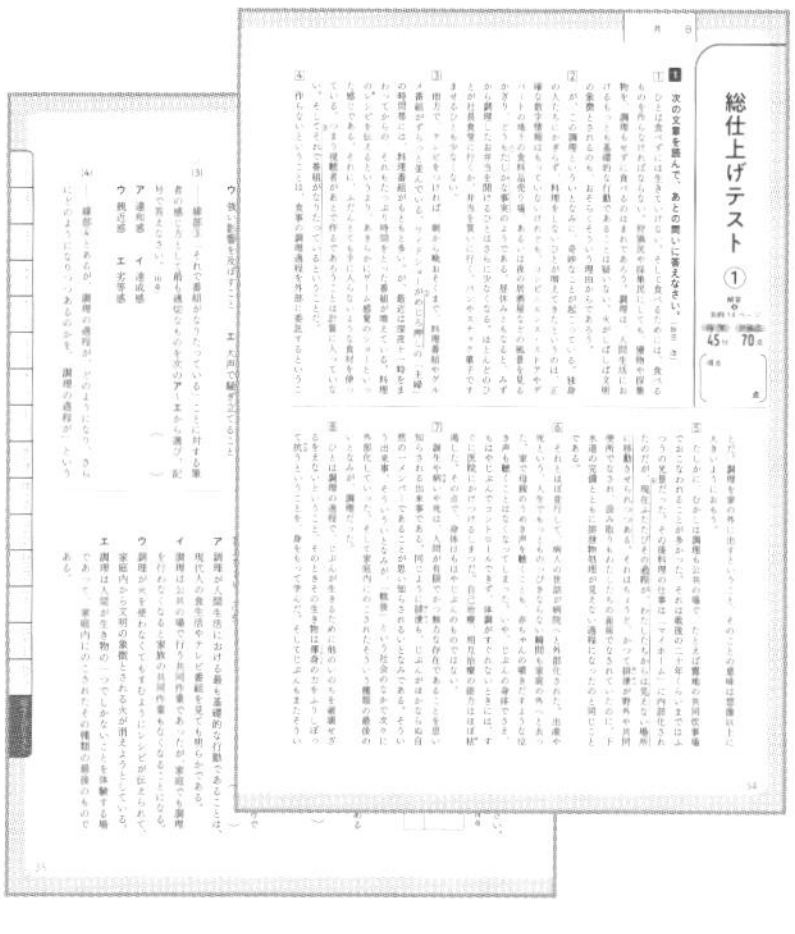

## ◆ 巻末付録「最重点 暗記カード」つき！

入試直前のチェックにも使える，持ち運びに便利な暗記カードです。理解しておきたい最重要事項を選びました。

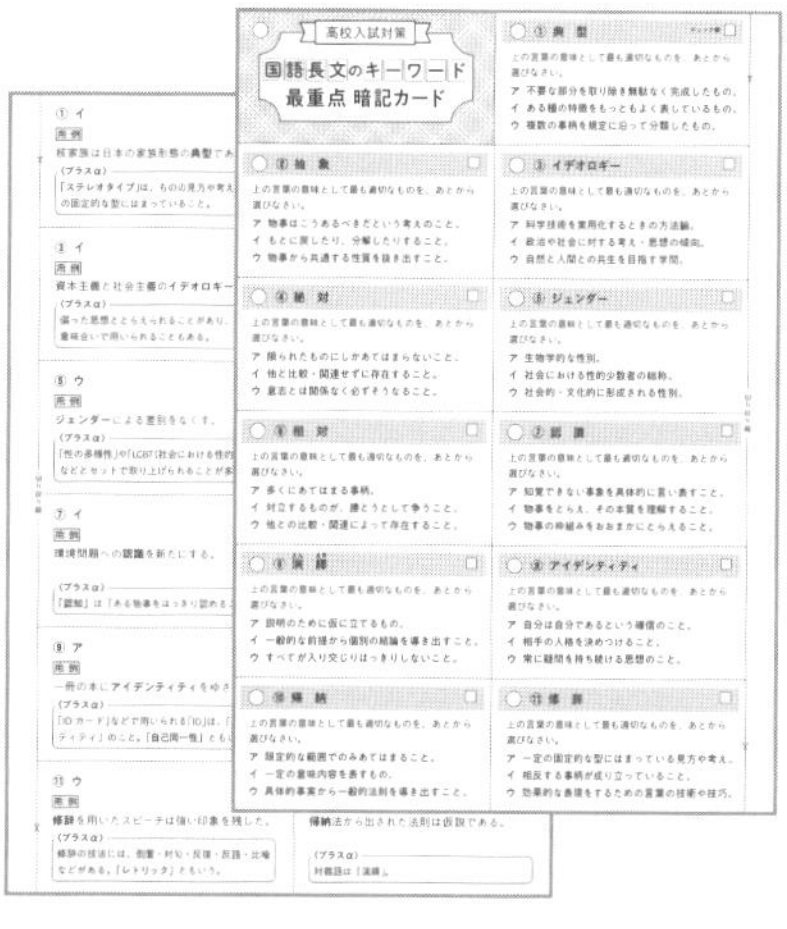

## ◆ 解き方がよくわかる別冊「解答・解説」！

親切な解説を盛り込んだ，答え合わせがしやすい別冊の解答・解説です。読解のポイントとなる注意事項や重要事項に 得点アップQ&A といったコーナーを設けています。

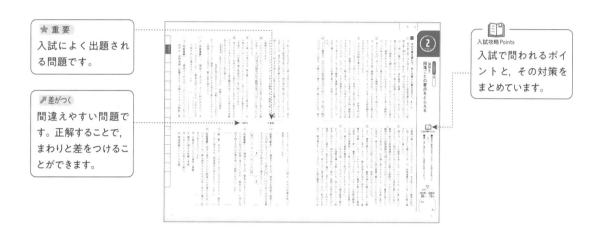

# 目次と学習記録表

◆ 下の表に学習日と得点を記録して，自分自身の実力を見極めましょう。
◆ 1 回だけでなく，復習のために 2 回取り組むことが，実力を強化するうえで効果的です。



本書に関する最新情報は，小社ホームページにある**本書の「サポート情報」**をご覧ください。（開設していない場合もございます。）

なお，この本の内容についての責任は小社にあり，内容に関するご質問は直接小社におよせください。

# 出題傾向

## ◆「国語」の出題割合と傾向

〈「国語」の出題割合〉

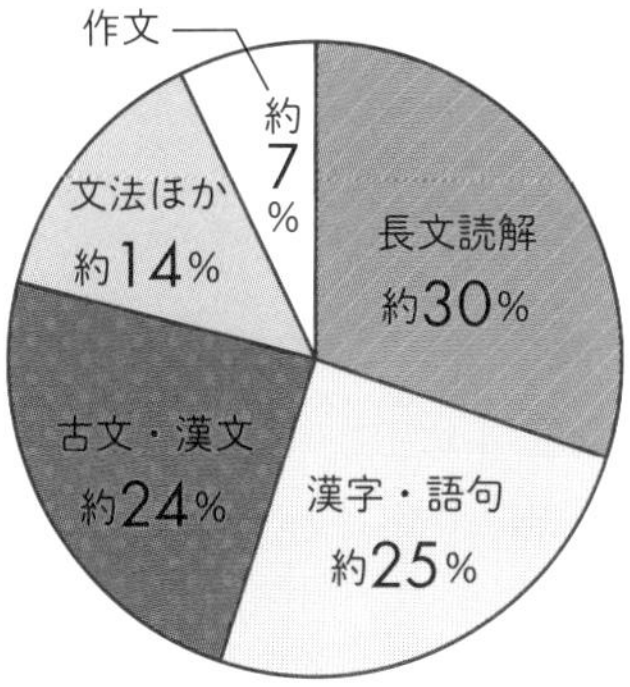


〈「国語」の出題傾向〉

- 出題される文章は，論説文・小説が中心。
  随筆からの出題は減少。
- 漢字は，熟語の構成や慣用句・故事成語などに関する問題も出題される。
- 古文・漢文は，現代語訳や解説文と融合した形式での出題が増加。
- 文法は，品詞の識別や意味・用法が主に出題される。
- 作文は条件作文が中心で，課題作文や短文作成は減少。

## ◆「長文読解」の出題傾向

- 読解内容を問うものに，会話文や資料内容などの読み取りが求められる出題を交えた複合問題が増えてきている。
- 論説文では，傍線部の内容や指示語の指すものを説明させる問題が出題の中心であり，小説では，登場人物の心情に関する問題がよく出題される。

# 合格への対策

## ◆ 長文読解

試験を意識して，文章を速く読むようにしましょう。また，論説文における要旨の把握や小説における心情把握も十分に練習しましょう。

## ◆ 漢　字

漢字の読み書きは頻出のため，ふだんから漢字を使う習慣をつけましょう。

## ◆ 古文・漢文

動作主や主語・述語の関係について，しっかりおさえながら文章を読めるように練習しましょう。

## ◆ 文　法

品詞の識別やそれぞれの品詞の意味・用法はよく問われるため，品詞分類表や活用表をしっかり暗記しましょう。

## ◆ 作　文

日頃から社会問題に目を向けて周辺の知識を増やしておくとともに，条件に合わせて時間内に文章をまとめる練習をしましょう。

1 時間目

入試重要度 A B C

# 〈説明文〉文脈をとらえる（指示語・接続語）

入試攻略Points
❶指示語の内容は、前後の文章から探そう。
❷接続語は、前後の関係を考えて選ぼう。

解答 別冊1ページ

時間 30分　合格点 70点

得点　　点

**1** **次の文章を読んで、あとの問いに答えなさい。**〔青森―改〕

コニシキソウは雑踏の行き交う歩道のコンクリート・ブロックのわずかな隙間などによく見かける雑草である。夏の日の盛りは雑草が生い繁るときでもある。ほかの雑草たちは先を争ってぐんぐんと伸びてゆく。

**ア** しかし、コニシキソウはそんな激しい競争には見向きもしないで、地べたにへばりついてマイペースで暮らしている。かの詩人・草野心平《くさののしんぺい》は「蛙《かえる》は地べたに生きる天国である」と評したが、コニシキソウも決して負け惜しみではなく、地べたの生活を満喫している。踏まれやすい過酷な場所に生えているが、コニシキソウは気にも止めないようすだ。そもそも上へ上へと無理して伸びようとするから、踏まれたときのダメージが大きいのである。その点コニシキソウは、最初から地面にひれ伏して生育しているから、踏まれても折れたり、倒れたりすることはないのだ。

**イ** ただ、ぐんぐんと勢いよく伸びていくほかの雑草たちに比べて、地べたの生活は一見惨めにも見えるが、実際はどうなのだろう。

［A］、太陽の光を十分に受けることができるのだろうか。雑草が競って上へ伸びるのは、太陽の光を求めてのことである。競争に敗れたものは、ほかの雑草の日陰で暮らすしかない。

**ウ** コニシキソウが生えているところはよく踏まれる場所である。そのような場所はほかの雑草が繁ることはないから、コニシキソウは地べたでも十分に光を受けることができるのだ。むしろ日当たりのよい場所を選《え》り好みして、さんさんと降り注ぐ①太陽の光を独占して暮らしている。

**エ** 花はどうだろう。花を高々と掲げなければ花粉を運んでくれる虫に発見されにくいのではないだろうか。②これも心配は無用である。実はコニシキソウの花粉を運ぶのはチョウやハチではない。コニシキソウが選んだパートナーは同じ地べたに生きるアリなのである。

働き者のアリは地面の上に伸びたコニシキソウの茎を伝いながら蜜を集め、口のまわりについた花粉を運んでいく。そのうえ、アリは蜜の匂いだけで集まってくるから、チョウやハチを呼び寄せるための美しい花びらで飾りつける必要がない。だから、コニシキソウの花は雄しべ一本、雌しべ一本というきわめてシンプルな構造である。さらには、アリが相手だからごくごく小さい花を咲かせればいいし、蜜の量も少しでいい。かなりのコスト*削減を実現しているのである。

コニシキソウ(錦草)の名は、草の緑色と茎の赤色のコントラスト*が美しい錦を思わせることに由来する。地べたに生きながら錦をまとうコニシキソウは、はた目から見るよりもずっと楽しい生き方をしているのではないだろうか。

植物の生育を測る指標に草高《くさたか》と草丈《くさたけ》がある。草高は地面から茎の先端までの高さである。一方の草丈は根元から茎の先端までの長さである。まっすぐ縦に伸びる植物にとっては草高と草丈はまったく同じである。しかし、コニシキソウにとってはどれだけ草丈を伸ばしても草高はほとんどゼロなのだ。

偏差値やGNP*など、人間はつい高さでその成長を計りたがる。B、人間が草高で判断しようと、コニシキソウにとって重要なのはあくまでも草丈なのである。

何も上へ伸びるばかりが能ではない。世間体や常識にとらわれず自分流の生長*をすればそれでいいのだ。このコニシキソウの開き直りは、多士済々《たしせいせい》*の雑草のなかにあってもまさに新境地を開拓したといっていいだろう。

（稲垣栄洋《いながきひでひろ》「身近な雑草のゆかいな生き方」）

*コスト＝物を生産するのに必要な費用や作業量。
*コントラスト＝対照。
*GNP＝一国において一定期間に生産された財・サービスの総額。国民総生産。
*生長＝植物が伸び育つこと。
*多士済々＝すぐれた人物が多くあること。

□ (1) **【文脈理解】** 次の文は、文中の**ア**～**エ**のいずれかの箇所に入る。どの箇所に入れるのが最も適切か。**ア**～**エ**から選び、記号で答えなさい。（20点）（　　）

ところが、コニシキソウにはその心配は必要ない。

□ (2) **【接続語の補充】** A・Bにあてはまる最も適切な言葉を次の**ア**～**オ**からそれぞれ選び、記号で答えなさい。（10点×2）

A（　　）B（　　）

**ア** しかし　**イ** あるいは　**ウ** だから
**エ** たとえば　**オ** ところで

差がつく
□ (3) **【理由説明】** ――線部①「太陽の光を独占して」とあるが、その理由を次の文にまとめた。a・bにあてはまる適切な言葉を、aは九字、bは十三字で文中から抜き出して書きなさい。（10点×2）

コニシキソウが生えているa場所には、bから。

a
b

□ (4) **【指示語の内容】** ――線部②「これ」の指す内容を文中から一文で抜き出し、初めの五字を書きなさい。（20点）

重要
□ (5) **【内容理解】** 本文について述べたものとして最も適切なものを次の**ア**～**エ**から選び、記号で答えなさい。（20点）（　　）

**ア** コニシキソウがほかの雑草のわずかな隙間を見つけて巧みに生長できる理由を、具体例を挙げながら述べている。
**イ** コニシキソウ独自の生長のしくみを、さまざまな雑草と一つ一つ比較しながら理論的に述べている。
**ウ** コニシキソウがほかの雑草と競争しなくても生長できるようすを、人間社会と比較して読む人が興味を持てるように述べている。
**エ** コニシキソウがほかの雑草との競争に勝利して生長できる理由を、さまざまな比喩をつかって分かりやすく述べている。

2 時間目

入試重要度 A B C

# 〈説明文〉段落ごとの要点をとらえる

入試攻略Points
❶筆者の意見が述べられている部分を見つけよう。
❷繰り返し使われている語句を見つけよう。

解答 別冊1ページ

時間 30分　合格点 70点

得点　　点

**1** **次の文章を読んで、あとの問いに答えなさい。**〔富山―改〕

[1] 我が家の庭には石垣があり、ささやかな家庭菜園もある。そこの管理は妻に委《ゆだ》ねてあり、彼女は「①刈っても刈ってもまたすぐに生えてくる」と困った顔をしながら、毎年雑草と格闘している。ある日、その様子を見ながらふと考えた。もし我々が砂漠に住んでいたらどうだろう。どんな植物でも構わないから、たくさん生えてくれることを望むだろう。植物が生えれば、そこには水があり、それを食べる動物がいる。人の命を支えてくれる源があるのである。

[2] 考えてみれば、刈っても刈っても雑草が生えてきて困るということは、そこにはそれだけ高い植物生産力があり、それを支える地力があるということだ。そして、何よりも、そこには多くの生命活動を支える水があるということである。

[3] 日本の年間降水量はおよそ一七〇〇ミリであり、世界平均の約一〇〇〇ミリを大きく上回っている。世界でも雨の多い国といえるだろう。その上、温暖でもある。これらの条件が、日本の高い植物生産力を支えている。たくさん降る雨は、しばしば洪水という災いを日本人にもたらすが、その一方で、大きな恩恵を与えてくれているのである。そう考えると、生い茂る雑草に感謝の念を持つようになり、今、日本に暮らしていることの幸運を喜びたい気持ちになってこないだろうか。

[4] ②そんな雑草を、われわれは除草剤をかけて枯らし、刈り取って燃やしている。その草は、太陽の下で増え、人間に殺されなければ、様々な動物の餌になっていただろう。すると、光合成によって雑草の体内に取り込まれた太陽エネルギーが、食物連鎖を介して多くの生物に運ばれていたに違いない。

[5] 例えば、バッタは雑草を食べるが、そのバッタは、次に鳥に食べられるだろう。人間がかわいがっているツバメも昆虫を餌としており、雑草に始まる食物連鎖の上位に位置する動物だ。それだけではない。③雑草からの食物連鎖は人間にまでもつながっている。雑草を食べたバッタなどの昆虫には、川や湖に落ちるものがいる。この水面に落下した昆虫は、例えばイワナなどの魚の重要な餌になっているのである。そして、そのイワナは釣り上げられ、食卓にのることになる。

[6] また、雑草を燃やすということは、雑草が得た太陽エネルギーを熱エネルギーに変え、さらに二酸化炭素を大気中に放出することで、温暖化に貢献してしまう。それならば、刈った雑草を腐らせてから農地の肥料として使い、雑草から*バイオエタノールをつくる技術を開発して石油の代替燃料として使った方がいいだろう。もしそれが実現したなら、誰もその植物を雑草などと呼ばなくなるかもしれない。

[7] ところで、二十年ほど前、ドイツのプリョンという湖沼地帯で開かれたプランクトンの国際会議に出席したとき、知り合いのミジンコ研究者に招かれて、彼の自宅を訪れた。彼は、居間でお茶を飲みながら談笑している最中に、窓を大きく開け、「見てください。すばらしいでしょう」といいながら、誇らしげに庭を見せてくれた。私はそれを見て一瞬言葉を失った。なぜなら、その庭は雑草だらけだったのであ

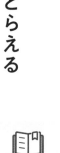

る。私にはそれがきれいな庭とは思えなかったのだ。そのとき、同行した日本人研究者が笑いながら「我が家の庭と同じです」とジョークを言ったが、相手はその意を解さずきょとんとしていた。ドイツ人の彼にとっては、何も手を加えない自然のままの状態がすばらしい景観であるようだ。ということは、日本人が雑草と呼ぶ植物も彼には美しい植物なのである。

8 このやりとりにより、ドイツ人と日本人の自然に対する考え方の違いを知り、また④日本人が偏見の目で植物を見ていることに気づかされたのであった。

9 その後、その家の主は、庭を掘ってつくった小さな池を指さし、「あの池の中にはミジンコがいるんだよ」と言った。さすが著名なミジンコ学者だ。この言葉で場の雰囲気が一気に和んだのである。

10 考えてみると、日本人だったら池をつくるとまずそこに魚を入れるだろう。日本人にはそのような固定観念があり、それが考え方の多様性を失わせているように私は感じた。

（花里孝幸《はなざとたかゆき》「自然はそんなにヤワじゃない　誤解だらけの生態系」一部表記等を改めたところ、省略したところがある。）

＊バイオエタノール＝穀物などから作られる再生可能なエネルギーで、その燃焼によって大気中の二酸化炭素を増やさない。

□ (1) 【内容理解】――線部①とあるが、そこに何があるから「またすぐに生えてくる」と筆者は述べているか。文中から五字で抜き出して書きなさい。(15点)

□ (2) 【内容理解】――線部②とあるが、このことによって生じる短所は「食物連鎖に影響を与え、太陽エネルギーが無駄に使われていること。」ともう一つは何か。文中の言葉を使って説明しなさい。(20点)

（　　　　）

★重要
□ (3) 【段落の要点】――線部③とあるが、筆者が5段落で説明している内容に合うように、左図のa・bにあてはまる言葉を文中からそれぞれ抜き出して書きなさい。(5点×2)

雑草 → a → b → 人間

a（　　　　）　b（　　　　）

差がつく
□ (4) 【内容理解】――線部④とあるが、筆者は日本人にどのようなものの見方が必要と考えているか。「偏見の目」と同じ内容を指す文中の言葉を使って説明しなさい。(20点)

（　　　　）

□ (5) 【段落】本文を二つのまとまりに分けるとすると、後半はどこから始まるか。段落番号で答えなさい。(15点)（　　）

□ (6) 【内容理解】前半と後半のどちらの段落にも共通するのは、どのようなことか。最も適切なものを次の**ア**～**エ**から選び、記号で答えなさい。(20点)（　　）

**ア** 生態系についての疑問と課題。
**イ** 雑草に関する体験と考察。
**ウ** 日本とドイツの考え方の違い。
**エ** 環境問題についての定義。

3 時間目

入試重要度 A B C

# 〈論説文〉具体例と主張をつかむ

入試攻略Points

❶「たとえば」などに注意して具体例を読みとろう。
❷具体例を通して述べていることをとらえよう。

解答 別冊2ページ

時間 30分　合格点 70点

得点　　点

**1** **次の文章を読んで、あとの問いに答えなさい。**（20点×5）〔長崎―改〕

言語は、それを用いる個人の*アイデンティティに大きな影響を及ぼします。たとえば、二〇一七年にノーベル文学賞を受賞した小説家、①カズオ・イシグロ(一九五四～)は、日本人の両親をもつ日系イギリス人です。*ルーツを見れば、イシグロは日本人ということになりますが、幼い頃からイギリスで育ち、彼の*パーソナリティの大部分は英語文化圏で形成されていきました。そして英語で思考するカズオ・イシグロは、一九八二年に自らの意志で自分が生まれた日本の国籍を手放し、イギリス国籍を選択しました。つまり、彼は生まれた国ではなく、育った国(第一言語を得た国)を自らの母国としたのです。

（中略）

もちろん個人差はあるものですが、言語の与える影響というものは深く、人のアイデンティティの根幹にまで及ぶものなのです。

日本語を幼い頃から体に染みこませて暮らしてきたということ。それは同時に、私たちが日本語の運命を過去から現在、そして未来へとつなぐ運び手の一部であることを意味します。

イギリスの進化生物学者であり動物行動学者でもある、クリントン・リチャード・ドーキンス(一九四一～)は、一九七六年に著書『利己的な遺伝子』の中で、「生物は遺伝子によって利用される〝乗り物〟に過ぎない」とする遺伝子中心視点を提唱し、世界に衝撃を与えました。この論考には私も驚きました。確かにそうかもしれない、自分の人生とは言っても、自分一人の運命を生きているのではないのかもしれない……と②目が開かれた思いがしたものです。

今になって、このドーキンスの論考を読み直してみると、これは長い歴史を経て受け継がれてきた③「言語」においても同じことが言えるのではないかと思えてきます。私たちは、自らの力で日本語を習得し、この言語を自在に操って生きているように思いこんでいますが、もしかすると「日本語を生かすため」にこの世に生きているだけなのかもしれません。この「人間＝言語の運び手論」に当てはめて考えると理解しやすいのが、*アイヌ語です。

アイヌの言葉は、日本語とは異なる言語体系を有しており、語彙も異なります。もちろん、日本語がアイヌ語に影響を及ぼした言葉もありますし、逆に稚内《わっかない》や登別《のぼりべつ》など、北海道の地名にはアイヌ語由来のものがたくさんあります。石狩川《いしかりがわ》という名称ひとつを取っても、「塞《ふさ》がる」という意味を表す「イシカリ」、「美しく・作る・川」を意味する「イシカラペツ」、「非常に曲がりくねった川」を指す「イシカラアペツ」など、その由来には諸説あるようです。

しかし、単語は別として、現代ではアイヌの言葉を母語とし、それに習熟している人は減少してしまいました。これは深刻な問題です。建物などの有形文化財であればしかるべき環境を整えれば保存できますが、言語の場合、それを使う人がいなくなれば、それがどのように話されていたかはわからなくなってしまいます。

別の言い方をすれば、「この土地で暮らしてきた人たちは、このような価値観や思想のもとに暮らしてきたのだ」ということも、言語からひもとけば知ることができます。現代では遺伝子情報から人物のルーツをある程度遡ることも可能となってきましたが、言語も親から子、子から孫へと脈々と受け継がれてきた④情報のバトンなのです。

言語を失えば、それを話す人々の生活や文化、そして伝統が消滅してしまうと言っても過言ではありません。その伝統を、この先も未来へと引き継いでいくことができるか。その運命は現代を生きる私たち日本人にかかっています。

（齋藤孝《さいとうたかし》「日本語力で切り開く未来」）

*アイデンティティ＝自己同一性。自分は確かに自分である確信を持つこと。
*ルーツ＝起源。祖先。ここでは出身地を指す。
*パーソナリティ＝その人に固有の性格。個性。
*アイヌ＝北海道とその周辺地域で生活を営んできた先住民族。

★重要

□(1)［内容理解］――線部①はどのようなことを示すための具体例として挙げられているか。□にあてはまる適切な言葉をあとのア〜エから選び、記号で答えなさい。（　）

個人のアイデンティティは、□に影響を受けるということ。

ア 生まれた国よりも、幼いときに海外に移住するという体験
イ 育った国よりも、自分自身のルーツに関わる人物の母語
ウ 生まれた国よりも、パーソナリティの形成に関わった言語
エ 育った国よりも、自分の意志で自由に国籍を選んだ経験

□(2)［語句の意味］――線部②について、「目が開かれる」と同様の意味を表す慣用的表現として最も適切なものを次のア〜エから選び、記号で答えなさい。（　）

ア 目から鱗《うろこ》が落ちる　イ 生き馬の目を抜く
ウ 目の色を変える　エ 目を皿にする

□(3)［内容理解］あとの文章は、――線部③について説明したものである。□にあてはまる適切な言葉を、文中の言葉を用いて二十五字以内で書きなさい。

生物は遺伝子によって利用される〝乗り物〟に過ぎないということと同様に、□ということ。

差がつく

□(4)［内容理解］――線部④とは、何の、どのような役割を述べたものか。文中の言葉を用いて三十五字以内で書きなさい。

□(5)［内容理解］本文について説明したものとして最も適切なものを次のア〜エから選び、記号で答えなさい。（　）

ア 人のアイデンティティに関する分析を、擬人法を用いてわかりやすく説明して、本文の導入としている。
イ 具体的な言語の存続の危機を取り上げて、読者に日本語の担い手としての自覚を持つよう促している。
ウ 言語とは異なる分野の科学者が言語について述べた文章を引用することで、考えを深める手がかりとしている。
エ 日本人とイギリス人とを比較することで、言語による考え方に違いはないということを説明している。

4 時間目

入試重要度 A B C

# 〈論説文〉論の展開をとらえる

入試攻略Points
❶段落どうしの関係をとらえよう。
❷事実と意見とを区別して読もう。

解答 別冊3ページ

時間 30分　合格点 70点

得点　　点

**1** **次の文章を読んで、あとの問いに答えなさい。**(20点×5)〔成城高―改〕

[1] 私が通りを歩いてゆく、その向《むこ》うから人がこちらの方へやってくるとする。その場合、私と先方との距離がどのくらいかによって、私からみた彼の像の大きさはいくらいくらときまっているはずで、向うからくるのが誰であろうと、その人の背丈に応じて一定の大きさに見えなければならない。そして私と彼の隔たりも一定の長さに見えるはずである。

[2] しかし私からみた彼の像の大きさ、彼との距離、これは物理学的にきまったものではない。その人がこちらに向《むか》って近づいてくるのに私が気づいたとき、もし私にとって彼が会いたくない嫌いな人であったとしたら、その人の像は遠く小さくみえる。また逆に私が会いたい人物であった場合には、近く大きくみえるのである。つまり心理的に私と彼が疎遠であれば、彼は知覚の上で遠くに(あるいは「遠のいて」)みえ、気持ちの上で近ければ近よってみえるのである。

(中略)

[3] このように私どもが日常何の気なしにしていることがらの上にも、それぞれの行動に応じて特有の心の動き、感じとり方が起こっているのがわかる。それでまず、①いわゆる「科学的」という名のもとでかえって事実にあわなくなっていることも、ある型にはまった見方をこわして、ありのままの眼《め》でみる柔軟な態度を忘れないようにしながら、まわりの世界をみてゆくことにしよう。

[4] 私どもが見るものの知覚の仕方は、「眼にそれが見える」ではなくて「そこにそのものがある」という見え方だということをはじめにのべたが、私にとって、そこにある「もの」は②「物体一般」としてあるのではなくて、「そこに私のペンがある」であり、「彼がおき忘れた傘がそこにある」である。道は私が通る道であり、水たまりは通る私に邪魔な水たまりである。どんなものでもみな何らか、それに対する私のそのときどきの在り方、関与の仕方によって、あらわれ方がいろいろである。空腹のときには食物《たべもの》屋の店さきの陳列棚にならんだ見本は大変うまそうにみえるけれども、みちたりている状態ならそこを通りかかっても眼に入らない。そこに食物屋があったこと、陳列棚に見本がならんでいたことに気づかなかったということは、生物学者のユックスキュルが考えたように、いわば「なかった」にひとしいのである。あることを要しないものは心には「ない」と受けとられる。そうしたものが私の前にあたかも向うから見せつけるかのように在ったならば、それはうるさく不快なものと映る。

[5] このようにものの見え方は[　　　]によってさまざまになるから、たとえば往来のへりに自動車が一台おいてあるとしたら、往来に面した店の主人は、こんなところに長いことおき放しではうちの商いの邪魔になると思い、「なんとぼんやりした持主《もちぬし》だろう、それにこの図体《ずうたい》の大きなこと」と憎々しげに車をながめるであろうし、通りかかった車好きの青年は、この車は何年型にしては程度がいい、持主はよほど可愛《かわい》がって使っているにちがいないとみるであろう。

[6] 私どものありのままの眼に映った世界は、このように自分を中心として配列されているのだといえる。自動車の例で考えると、いろいろ

な見方のなかでも、自動車を乗るための道具なり金もうけの道具なり、これを用具としてみる人が一番多いのは当然であるが、しかしデザイナーはその形を審美的にながめることもあろうし、またこれを可愛がっている持主からみればもはや道具ではなしに、自分というものの分身あるいは伴侶と感じられるであろう。それからまた、正面から走ってくる車を幼児がみれば、歯をむきだした魔物が大きな目玉をむけて自分に襲いかかってくるとみえる。

7 いずれにしても、私どものまわりにあるさまざまなものが、ペンであり、茶碗《ちゃわん》であり、腰掛けであることをはずされて、どれにも通有な普遍的物体に通分されてみえるということは、③私どもの自然な態度においてはありえないことである。何物でもない純粋な物体というものは、物理学の知識があってはじめて私どもの眼に出現するものなのである。

（島崎敏樹《しまざきとしき》「心で見る世界」）

★重要

□ (1) 【段落の役割】 1段落に対する2段落の役割を説明したものはどれか。最も適切なものを次の**ア〜エ**から選び、記号で答えなさい。（　　）

**ア** 1段落の内容とは関係なく、別の話題に転換している。

**イ** 1段落で述べたことに対し、疑問を投げかけている。

**ウ** 1段落で述べたことの例を挙げ、具体的に説明している。

**エ** 1段落とは反対の内容を述べ、問題を提起している。

□ (2) 【内容理解】 ――線部①とは、どういうことか。最も適切なものを次の**ア〜エ**から選び、記号で答えなさい。（　　）

**ア** 科学的なものの見方が、人々の興味を引かなくなっていること。

**イ** 科学的なものの見方が、人々の心から素朴さを失わせていること。

**ウ** 科学的なものの見方が、人々の実感にそぐわなくなっていること。

**エ** 科学的なものの見方が、人々の型にはまった見方をこわしていること。

差がつく

□ (3) 【内容理解】 ――線部②と同じ意味で使われている言葉を、5〜7段落から十一字で抜き出して書きなさい。

□ (4) 【内容理解】 [　　] にあてはまる最も適切な言葉を次の**ア〜エ**から選び、記号で答えなさい。（　　）

**ア** それに向う人の関与の仕方　**イ** それが人に与える印象

**ウ** それの持つ本来の性質　**エ** それと接した経験の有無

□ (5) 【理由説明】 ――線部③とあるが、その理由として最も適切なものを次の**ア〜エ**から選び、記号で答えなさい。（　　）

**ア** 人は自分に都合がいいように、独断的な見方をしがちだから。

**イ** 私たちがものを見るときには、主観が入ってしまうものだから。

**ウ** 人の持つ欲望は、ひとりひとり異なっているものであるから。

**エ** ものを科学的に見ることは、多くの人にとって難しいことだから。

# 5 時間目

入試重要度 A B C

## 〈論説文〉要旨をつかむ

**入試攻略Points**

❶中心段落を見つけよう。
❷中心段落の要点をとらえよう。

解答 別冊4ページ

時間 30分　合格点 70点

得点　　点

**1 次の文章を読んで、あとの問いに答えなさい。**〔岐阜—改〕

1 私は大学で長年、機械設計について教えてきました。そこでの経験を通じて感じたのは、どんな場面でも応用できる知識を学生たちが身につけるには、自分自身で小さな失敗を経験したり、他人の失敗を知ったりすることが最も有効だということです。

2 多くの学問がそうであるように、このときはこうすべきだという「うまくいく方法」を教える講義を行っていると、眠そうな顔でつまらなそうにそれを聞いている学生がたいがい何人かいるものです。それが失敗の話を始めた途端に、そのような学生たちまで一転して目を生き生きとさせ、熱心に話に聞き入るということがよくありました。

①この原因を私なりに考えてみたところ、「同じ失敗をしてはいけないと感じることで、学ぶ必要性の認識が生まれたからだ。」という答えにいたりました。失敗には、なにやら人を引きつける不思議な魅力があるのはたしかです。その秘密に迫ってみようと、さまざまな失敗を注意深く観察し、[A]にまとめたのが、私が「失敗学」と呼んでいる考え方です。

3 私は失敗とは、「人間が関《かか》わって行うひとつの行為が、はじめに定めた目的を達成できないこと」と定義しています。失敗には、いつも負のイメージがつきまといます。失敗を経験すると、人は誰でも悔しがったり、恥ずかしがったり、不愉快な思いをします。その一方で、人が新しいことに挑戦すれば、それこそはじめは失敗の連続なので困ってしまいます。そうした失敗を避けるために、過去の成功体験、成功事例に学んで必死に努力している人もいます。しかしどんなに準備をしたつもりでも、必ず予期せぬことが起こり、やっぱり失敗を経験することになります。

4 失敗しないためのいちばんの方法は、何も新しいことにチャレンジしないことです。しかしそうした人は、失敗はしないかもしれませんが、②その人には成功も喜びも訪れません。それどころか何もしなかったことで、結局じり貧という結末が待っているだけかもしれません。

5 失敗はマイナス面にだけ目を向ければたしかにこれほど嫌なものはありません。しかし反対にプラス面を見てみると、失敗が人類の進歩、社会の発展に大きく③寄与してきた事実があることも忘れてはならないように思います。昔から人間は失敗に学び、そこからさらに考えを深めてきました。人々の生活を快適にした[B]発明を振り返ってみても、そのすべては「失敗は成功の母」「失敗は成功のもと」などの言葉に代表されるような、過去の失敗から多くのことを学んでこれを新たな創造の種にすることでなし得たものなのです。個人のことを考えても同じことがいえます。私たちが[C]に行っているすべての事柄、仕事でも家事でも、趣味でもなんでも、失敗なしに上達することは不可能です。人の行動には必ず失敗がつきまとうものですが、一方でそうした失敗なしに、人間が成長していくこともまたあり得ません。

6 では、成長するために、なんでもかんでもとにかく失敗すればいいのかというと、そんなことはありません。失敗についてきちんと知り、過去の失敗を生かせるようにならなければ、失敗を「成功の母」や「成

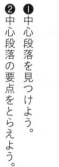

功のもと」にすることはできません。何も考えずにただ漫然と同じ失敗を繰り返しているだけでは、失敗は成功の母どころか大きな失敗を生み出す「失敗の母」「失敗のもと」にしかならないのです。

（畑村洋太郎《はたむらようたろう》「失敗を生かす仕事術」）

差がつく

□ (1) **［指示語の内容］**——線部①「この原因」とあるが、どのようなことの原因を指しているのか。文中の言葉を用いて六十字以内で書きなさい。ただし、『うまくいく方法』の講義を」という書き出しで「ことの原因。」に続くようにすること。(20点)

「うまくいく方法」の講義を

ことの原因。

□ (2) **［語句の補充］** A ～ C にあてはまる言葉の組み合わせとして最も適切なものを次の**ア**～**エ**から選び、記号で答えなさい。(10点)（　　）

**ア** A 断片的　B 表面的　C 好意的

**イ** A 基本的　B 先天的　C 意識的

**ウ** A 体系的　B 画期的　C 日常的

**エ** A 系統的　B 驚異的　C 抽象的

□ (3) **［指示語の内容］**——線部②「その人」とはどのような人のことか。「ような人。」に続くように、文中から十六字で抜き出して書きなさい。(20点)

ような人。

□ (4) **［段落の役割］** 3・4段落に対する5段落の役割を説明したものはどれか。最も適切なものを次の**ア**～**エ**から選び、記号で答えなさい。(20点)（　　）

**ア** 前の内容と対比して、別の視点を提示する。

**イ** 前の内容に補足して、具体的な例を挙げる。

**ウ** 前の内容に加えて、似通った意見を紹介する。

**エ** 前の内容と関係なく、新しい話題に転換する。

□ (5) **［類義語］**——線部③「寄与」の類義語を次の**ア**～**エ**から選び、記号で答えなさい。(10点)（　　）

**ア** 寄付　**イ** 授与　**ウ** 献上　**エ** 貢献

★重要

□ (6) **［要　旨］** 本文で述べられている筆者の考えと合っているものはどれか。最も適切なものを次の**ア**～**エ**から選び、記号で答えなさい。(20点)（　　）

**ア** 失敗すると不愉快な思いをすることになるので、失敗の可能性がある新しいことにはチャレンジしない方がよい。

**イ** 失敗することなしに成長するのは難しいので、新しいことにチャレンジし、失敗に学んで考えを深めていくことが大切だ。

**ウ** できれば失敗しない方がよいから、新しいことにチャレンジする場合、過去の失敗した事例に学び、失敗を減らす必要がある。

**エ** 失敗を通して成長するものだから、新しいことにチャレンジし、あまり考えずに何度でも失敗を繰り返すのがよい。

6 時間目

入試重要度 A B C

# 〈論説文〉文章を要約する

入試攻略Points
❶中心文や、カギとなる言葉を見つけよう。
❷中心段落の内容をもとに要約しよう。

解答 別冊5ページ

時間 30分　合格点 70点

得点　　点

**1** **次の文章を読んで、あとの問いに答えなさい。**〔福井―改〕

[1] 言葉によってつむぎ出された文学や思想は、人の注目を引きやすく、拍手喝采《かっさい》を浴びることもあります。それに比べて、文学や思想を生み出した言葉そのものが派手に脚光を浴びることはありませんでした。[A]、最近とくに、素材である日本語が注目を浴びています。なぜでしょうか。素材である言葉が激しく変化している時期だからです。古い言葉や表現が急速に忘れられつつあります。日本の伝統的な言葉や表現が次々に失われているのです。それが、日本の年配者の①危機感を煽《あお》っています。日本語をもっとしっかり教えなくては、という思いが、前面に出てきている時期なのです。テレビを見ても、日本語のクイズばやりです。日本語は注目され、今、ブームになっているのです。

[2] [B]、日本語の歴史を知ることには、どういう意味があるのでしょうか。日本語の将来は、日本語を話す人々すべての問題です。日本語を生かすも殺すも、日本語を話す人々の考え方にかかっています。敬語をどうするのか。「言葉の乱れ」をどう考えるべきなのか。これからの日本語をどういう方向に変えていくべきなのか。日本語を使っている人々一人一人が、考えてみるべき問題です。これらの問題を正しく考えるためには、日本語の盛衰の歴史を知っていることが必要です。

[3] あなたは、今話している日本語がなくなったらどうなるかという問題を、考えてみたことがありますか。英語だけで用をたさなくてはいけない状態になったとしたら、どうでしょうか。むろん、権力で強要されれば、長い時間をかけて、英語だけを話すようになるでしょう。しかし、英語という糸で織り成される文化は、日本語という糸でつむぎ出されていた織物とは、全く異なっているのです。[C]、日本語には*擬声語、*擬態語が豊かに存在しますが、英語にはあまりありません。「鳩子《はとこ》さんは、そんな三好《みよし》さんをジロリと流し見た。」という日本語の文を英語で言おうとすると、「鳩子は彼に鋭い横目を向けた。」となります。「ジロリ」を「鋭い横目」と翻訳したわけですが、眼球を左から右へあるいは右から左へ移動する具体的で感覚的な働きが失われています。[D]、日本語で織り成されていた織物のもっていた独特の風合いがなくなってしまったのです。母国語を失うということは、物の考え方、感じ方を失うということです。言い換えれば、具体的で感覚的な日本文化が消えることなのです。もちろん、それでもいいとおっしゃる方もいらっしゃるかもしれません。

[4] そういう方は、是非とも次の問題も考えてみてください。世界中の言葉がすべて一つの言語だけに統一されてしまったとします。すると、どの地域からもその言語で織り成される織物しか出来てきません。それぞれの地域のもっていた独特の風合いが失われ、どの地域に行っても、どこに住んでも、同じ織物しかないのです。ということは、異なる織物同士の間で競争したり、刺激しあったりすることがないということです。人は、努力をしなくなります。人類の文化そのものがやせて廃れていきます。②一元化の恐ろしいところです。

[5] 文化にはさまざまな素材があり、その素材によって織り成される文化は異なります。異なる文化同士が接触し、互いに刺激しあうからこ

そ、総体として人類の文化は発展するのです。日本語という素材を大切にし、いつくしむ心が、人類を豊かにするわけです。それぞれが自らの創意工夫を凝らしてつくりだした文化を大切にしあうことこそ、結局は人類を救うと私は信じています。そして、この認識を持っていれば、③他民族に自国の言語を強要し、異なる文化を消してしまうようなおろかな真似《まね》はしないと信じているのです。

6 日本語の歴史を知るということは、日本語の将来を考え、日本語によってつむぎ出された文化そのものを大事にし、後世に伝えていく精神を培っていくのに役立ちます。私たち人間は、よって立つところの E がなければ、文化をつむぎ出すことができないのです。

（山口仲美《やまぐちなかみ》「日本語の歴史」）

＊擬声語・擬態語＝音や様子などを表す言葉。

□(1) **【接続語の補充】** A ～ D にあてはまる言葉の組み合わせとして最も適切なものを次の**ア**～**エ**から選び、記号で答えなさい。（10点）（　　）

**ア** A しかし　B それでは　C つまり　D だから
**イ** A ところで　B たとえば　C また　D なぜなら
**ウ** A ところが　B ところで　C たとえば　D つまり
**エ** A また　B さて　C なぜなら　D それで

□(2) **【内容理解】** ――線部①「危機感」とは、何に対しての危機感か。最も適切なものを次の**ア**～**エ**から選び、記号で答えなさい。（10点）（　　）

**ア** 日本語ブーム　**イ** 日本語の将来
**ウ** 他国の言語の強要　**エ** 擬声語・擬態語が少ない文化

□(3) **【内容理解】** ――線部②とあるが、ここでは何がどうなることか。文中の言葉を用いて三十字以内で書きなさい。（20点）

差がつく
□(4) **【理由説明】** ――線部③とあるが、なぜ「おろかな真似」と言えるのか。文中の言葉を用いて四十字以内で書きなさい。（20点）

□(5) **【語句の補充】** E にあてはまる言葉を文中から漢字三字で抜き出して書きなさい。（10点）

★重要
□(6) **【要約】** 本文を要約した次の文の a ・ b にあてはまる適切な言葉を、 a は十二字で文中から抜き出し、 b は文中の言葉を用いて三十字以内で書きなさい。（15点×2）

a

b

日本語を失うということは、日本語による物の考え方、感じ方を失うこと、つまり a を失うことでもあるので、日本語の歴史を知るということが、 b ことに役立つといえる。

7 時間目

入試重要度 A **B** C

# 〈小説〉場面・あらすじをつかむ

入試攻略Points

●「いつ・どこで・だれが・何を・どうした」をおさえて読もう。

解答 別冊6ページ

時間 **30**分　合格点 **70**点

得点　　点

**1** **次の文章を読んで、あとの問いに答えなさい。**〔徳島〕

「ばあちゃん、もう春は来とるんかな。」

　ヨウはかまどに薪をくべているるい婆さんに蒲団《ふとん》の中からちいさな顔だけを出して聞いた。るい婆さんはもやのたちこめる暗い土間の隅にしゃがんだままゆっくりとふりむいて、

「春の夢でもみたんかや。」

と日焼けした顔から白い歯をのぞかせて言うと、こくりとうなずいた孫娘に、

「ああ、もうとっくに日向《ひな》ッ原《ばら》じゃ春の歌がはじまっとるぞ。」

とうれしそうに笑いかけた。

　ヨウはおおきな目をかがやかせて、蒲団を跳ね上げて立ち上がると、土間のサンダルをつっかけねまきのまま外へ走り出した。

「こらっ、顔を洗ってから行かんか。」

　背後で聞こえる、るい婆さんの声にヨウは首を横にふりながら、島の東西を見下ろせる裏手の段々畑までの畦道《あぜみち》をかけ上がって行った。

　昨日まではぬかるんでいた道をヨウは犬のように跳ねながら走る。イモ畑を越え蜜柑《みかん》の木の下を抜けて、牛のモグがいる小屋の前にたどり着くと、ヨウは立ち止まって朝日に光る海を見下ろした。

　半月余り続いた雨が上がった瀬戸内海は無数の波頭が西へむかう島の群れのように踊っていた。ヨウは①[　]で息をしながらおおきな目を少しずつ下げて行く。海原にむかって突き出した皇子《みこ》岬、左手にとんがり帽子のように顔を見せる岬の白い岩肌が草のひろがる緑に変わると、そこだけ円形のステージのように丸くなった草原、日向ッ原が見えた。

「モグ、見てごらんよ。春が来とるよ。日向ッ原に、いっぺんに春が来とるよ。」

　ヨウは大声で叫んだ。

　日向ッ原はまるで花たちが一夜のうちに開花したかのように菜の花とれんげが一面に咲いていた。②春風の織ったじゅうたんがヨウの目にあざやかに映った。

「やっぱり夢で見たとおりだよ、モグ。」

　ヨウはその場で飛び跳ねると、いつものように口をもぐもぐとさせているモグの首に抱きついた。モグはのどを鳴らしてから、ヨウの身体《からだ》を釣り上げるように首を回した。

　ヨウはモグの首に回した手を離すと牛小屋の前の地面に膝をつけ、西の雑木林から鳥居《とりい》のてっぺんとかやぶき屋根を見せている来目《くめ》神社にむかって両手を合わせ、祈りはじめた。

「どうぞ皇子《おうじ》さま……。」

　その声は初めの言葉だけは聞き取れたが、あとは春風にかき消された。ただ[A]祈る少女の背中にかわいく結ばれた真っ赤な帯ひもの端だけが揺れていた。

　葉名島《はなじま》の春は瀬戸内海を行き交う船の*舳先《へさき》を撫《な》でて流れる東の風が皇子岬から吹き上げるとはじまる。

　波歌を乗せた海風が日向ッ原の花たちにやさしくそよぐと、海も陸も*万弁の花びらを敷きつめたように光かがやき出す。

水はぬるみ、海色はあざやかな青に染まり、船乗りたちは、春じゃぞ、春が来たぞ、と歌う潮騒《しおさい》の声を聞きながら春の空を見上げる。昨日までの寒風に凍えるように飛んでいた鳥たちは羽根をのびやかにひろげ空高く舞い上がる。

島のあちこちから蜜柑の香りが漂い、冷たかった木々の色が［B］春の色にかわる。老人たちの顔に精気がよみがえり、子供たちの背丈が少し伸びたように見える。瀬戸内の春は季節を迎えるたびに、島で生きるすべてのものたちに何か新しいことがはじまるような予感を抱かせる。

その朝、桟橋に着いたばかりの連絡船からひとりの男が島に降り立った。

（伊集院静《いじゅういんしずか》「機関車先生」一部表記等を改めたところがある。）

＊舳先＝船首。　＊万弁の花びら＝たくさんの花びら。

□(1)［語句の補充］──線部①「［　］で息をしながら」には、苦しそうに息をする様子を表す慣用句が使われている。［　］にあてはまる漢字一字を書きなさい。(16点)

［　］

差がつく

□(2)［表　現］──線部②「春風の織ったじゅうたん」は、どのような様子を表しているか。文中の言葉を用いて十五字以上、二十字以内で書きなさい。(20点)

［　　　　　　　　　　］

□(3)［語句の補充］［A］・［B］にあてはまる言葉の組み合わせとして最も適切なものを次のア～エから選び、記号で答えなさい。(16点)（　　）

ア　A 悲しく　　B 暖かな

イ　A ひたすら　　B さびしげな

ウ　A 大人しく　　B 単調な

エ　A 懸命に　　B にぎやかな

★重要

□(4)［場　面］══線部を除いて本文を二つのまとまりに分けるとすると、後半はどこから始まるか。初めの四字を書きなさい。(16点)

［　　　　］

□(5)［人物像］本文では、「ヨウ」という少女の様子が描かれているが、それを説明したものとして最も適切なものを次のア～エから選び、記号で答えなさい。(16点)（　　）

ア　祖母の忠告に何の反応も示さず、島の春を一人で無心に楽しんでいる。

イ　遠くで歌っている船乗りをながめながら、島の春を牛のモグと一緒に楽しんでいる。

ウ　万弁の花びらを敷きつめた岬に立ち、全身に喜びを表して、春の訪れに感謝している。

エ　夢で見た春の景色を前にして、素直に喜び、何か新しいことに期待を寄せている。

□(6)［表　現］本文の特徴を説明したものとして最も適切なものを次のア～エから選び、記号で答えなさい。(16点)（　　）

ア　比喩を巧みに用いて、春の風景を視覚的に描き出している。

イ　心情の描写を随所に入れ、春の憂いをきわだたせている。

ウ　視点を固定して、待ちわびた島の春を叙情的に描いている。

エ　回想場面を挿入して、春を迎えた喜びに奥行きを持たせている。

8 時間目

入試重要度 A B C

# 〈小説〉心情を読みとる ①

入試攻略Points
❶人物の言動から気持ちを読みとろう。
❷気持ちを表す言葉や情景を探そう。

解答 別冊6ページ

時間 30分　合格点 70点

得点　　点

**1 次の文章を読んで、あとの問いに答えなさい。**〔茨城〕

三郷心《みさとしん》は、工業高校の生徒が技術を競うコンテストに出場するため、校内選考に向けて練習に励んでいたが、あることが原因で気持ちが沈んでいた。次の場面は、そういう心に祖母が話しかけているところである。

「あたしはやっぱり気になったけどね。ほら、ばあちゃん、昔は職人に交じって*旋盤《せんばん》回しよったでしょ。男の職人にはどうしても勝てんところがあってねえ。心ちゃんも男の中でコンテストを目指すのはつらいところもあるやろう」

祖母は言う。

確かに工業高校で男子と同じように実習をやっていくのは、*ハンディがある。体力がいるし、危険物を扱ううえで度胸もいる。力も度胸もあるほうの心でも、男子ほどには備わってないと感じることが多い。でも。

「つらいっていうよりも……」

言わないでおこうと思っていたが、やっぱり口に出てしまったのは、仏壇の前だからだろうか。

「①特別扱いされることのほうが、嫌なんよ」

男子との明確なちがいを気にする一方で、機械科に通う女子はたったひとりだという現実がある。希少価値の分だけ、自分へのあたりは柔らかいと感じることもある。

持っていないというハンディと、もらうというハンディがあるけれど、もしかしたら、もらうハンディのほうが大きいんじゃないか。

本意とするところではなかったが、それに気づいた時には、もう心は*抜き差しならないところにきていた。旋盤に夢中になっていたのだ。硬い鋼の形を自在に変える工業機械の魅力に取りつかれていた。あの*あらがえないような鉄のパワーを受け止め、形に返す旋盤の魅力に。

□ことに、そんな心のがんばりが自然と周りに浸透していったのか、部活の中では特別な扱いを受けると感じることもない。

けれど、外部の人にはやはりまだ女子は特別だという思いがあるようだ。

「コンテストには校内選考で勝たんと出られんのやけど、ほかの学科の先生から女子が出たほうが学校のPRになるから、私が選ばれるやろうって、言われた」

あたりまえだと言わんばかりの軽々しい口調だったので、余計にこたえた。自分のがんばりをせせら笑われたような気分だった。

思い出して、心はまた暗い顔になる。

「それは男の*ゼラシーやね」

「ジェラシー?」

「その男は女に負けるのが悔しいけん、そんな理由をつけるんやろ。気にせんでいい」

ちょっと意地悪な顔になって言う。②ふっと力が抜けて、笑ってしまった。祖母も少し笑ったけれど、すぐに真顔になった。

「心ちゃん、ものをつくるのに男も女もないよ。昔じいちゃんが言ってくれたんよ。あたしがへたくそで悩んどった時ね。『女には旋盤できんのやろか』ってきいたら、『ものをつくるのに男も女もあるか』っち怒られたよ」

「そうよね」

いくぶん軽くなった気がする首を動かして、心は仏壇に目を移す。遺影の祖父は記憶よりも少し若い。福岡《ふくおか》県の卓越*技術者に選ばれた時に撮影された六十代半ばのものだ。どこか照れくさそうではあるものの、確固たる自信が感じられるよい笑顔だと心はいつも思う。

（まはら三桃《みと》「鉄のしぶきがはねる」）

*旋盤＝加工するものを回転させ、むらなく削ったりする工業機械。
*ハンディ＝ハンディキャップの略。不利な条件。また、実力差をうめるための条件設定。
*抜き差しならない＝どうにもならない。
*あらがえない＝抵抗できない。　*ジェラシー＝やきもち。
*卓越技術者＝優れた技術者に贈られる称号。

差がつく

□(1)［内容理解］――線部①「特別扱いされることのほうが、嫌なんよ」とあるが、心がこのように言うのはどのようなことがあったからか。五十字以上、六十字以内で書きなさい。(30点)

□(2)［語句の補充］□にあてはまる最も適切な言葉を次のア～エから選び、記号で答えなさい。(20点)（　　）

ア 許せない　イ 気が重い
ウ ありがたい　エ 情けない

□(3)［理由説明］――線部②「ふっと力が抜けて、笑ってしまった」とあるが、その理由として最も適切なものを次のア～エから選び、記号で答えなさい。(20点)（　　）

ア 祖母の言葉に失望して、これ以上話しても仕方がないと思ったから。
イ 長い時間話していて、祖母に反論する体力が残っていなかったから。
ウ 祖母の表情によって、気負っていた気持ちが完全になくなったから。
エ 祖母の言葉や表情で、それまでこだわっていた気持ちが和んだから。

★重要

□(4)［心情理解］本文から読みとれる心情の説明として最も適切なものを次のア～エから選び、記号で答えなさい。(30点)（　　）

ア 主人公を心配している祖母の気持ちを、敬語を多用した文体から読みとることができる。
イ 少し気が晴れた主人公の気持ちを、体の感覚についての表現から読みとることができる。
ウ だんだんとすれ違っていく祖母と主人公の気持ちを、会話文から読みとることができる。
エ すっかり明るくなった主人公の気持ちを、回想している部分から読みとることができる。

9 時間目

入試重要度 A B C

# 〈小説〉心情を読みとる②

入試攻略Points

❶人物の言動から気持ちを読みとろう。
❷気持ちを表す言葉や情景を探そう。

解答 別冊7ページ

時間 30分　合格点 70点

得点　　点

**1** **次の文章を読んで、あとの問いに答えなさい。**〔岩手—改〕

和尚《おしょう》さんと二人の若い僧と雑用係の*小坊主が暮らしている桜花寺《おうかじ》に、長谷桜玄《はせおうげん》という*絵師が訪ねてきて、一緒に暮らすことになった。和尚さんは、絵師に、寺のふすま一面にさくらを描いてほしいと頼んだ。

「あいかわらず、役に立たんのう。何をやらしても、中途半端じゃ。春《しゅん》慶《けい》、仏様は見ておられるぞ」

和尚さんが、はあっとため息①をつきました。和尚さんの前に立っているのは、春慶という名の小坊主です。やせた肩が震えています。ちょうど②わたしの所から、後ろ向きの姿が見えました。はだしの足は、しもやけで赤くなって、痛がゆそうでした。足もとには、ぬれたぞうきんが、水を含んで置かれています。いつだって、絞り方がゆるすぎる、と小言を言われ、小坊主は目を赤くしているのでした。わたしは、こうして庭に立っているだけですが、何もかも見ています。

「よいか、きょうからおまえは、書院でふすま絵を描かれる桜玄どのの助手をつとめるのじゃ。おまえがよいと言われたゆえ、な。ほかの用事はそのあとじゃ。寝る暇など、ないぞ」

こうして、小坊主は絵師の助手になりました。助手といっても、絵筆を持ったこともありません。絵師は、そのことを知っても、眼を細め、だまってうなずくだけでした。小坊主は、庭に面した廊下の隅で、いっそう小さくなって、絵師に呼ばれるのを待ちました。

それから、何日もたちました。けれども絵師は、色あせて絵柄もぼやけて見えなくなったふすまの紙を、小坊主に手伝わせて丁寧に張り替えただけで、あとは何を描くでもなく、冷たい廊下に座って、しんとした庭をながめているのでした。

ときどき、絵師の視線がわたしのからだを通り過ぎていきます。冬芽はついているものの、すっかり葉を落としたはだかのわたしは、その視線に出会うと、小坊主みたいに身を縮めるのでした。

「春慶どの」

と、絵師は細い声で、白湯《さゆ》を持ってきた小坊主に言いました。小坊主に向かって、春慶どの、と呼ぶのは、この絵師だけです。小坊主の青白い顔は、そう呼ばれるたびに、さくら色に染まるのでした。

「なかなか、③よい姿だと思いませんか」

だれのことを言っているのでしょう。この庭の木は、わたし一本だけ。花の季節は「うつくし」とほめてもらえるのですが、冬は見向きもされません。凍《い》てついた庭に、殺風景なわたしが立っています。

「はい……このさくらの木は、両の手を、手首のところであわせて、花のように開いた姿に見えます」

小坊主は、うつむいたまま、小さな声で言いました。

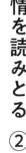

「ほほう、春慶どのは、よく見ておられる。さくらは、花の季節だけがうつくしいのではない。年中、うつくしい」

年中？　わたしは絵師のことばに、思わず声を上げそうになりました。もちろん、わたしの声など、人には聞こえません。それに、さくらといっても、何もわたしだけのことを言っているわけでもないでしょう。世の中には、星の数ほどさくらがあると聞いています。そしてそれは、みなうつくしい、と。わたしは、自分の姿をいちどもみたことがありません。池の端に立っているさくらならば、水面《みなも》に映った自分を見ることができるのでしょうが、ここに池はないのです。

絵師は、しばらくだまったまま、手にした湯呑《ゆのみ》の温かさを楽しんでいるようでした。ゆらり、と湯気が上がっています。ききき、とするどく*百舌鳥《もず》が鳴いて、わたしの頭の上を横切っていきました。庭のかわいた地面に、鳴き声があとをひいています。

「木の姿も、うつくしい。年月を経て、大きくなったさくらの木は、ことのほか」

絵師は、白湯をひとくち飲むと、わたしをじっと見つめました。

「春慶どの、そなたは、さくらの何がうつくしいと感じますかな」

自分の考えなど、たずねられたこともない小坊主が、はっとして顔を上げました。わたしには、その胸のうちがよくわかります。小坊主のほおが、④濃いさくら色になりました。

「わたくしは、秋の落ち葉もうつくしいと思います。はだかの木に、少しだけ雪が積もっているようすも、好きでございます。それから……」

小坊主は、一気に言うと、そこでひと息ついて、続けました。

「それから、青葉のころに、枝からぶら下がる毛虫の糸が……細くて透き通った糸が、好きでございます」

そう言った小坊主の瞳には、それまで見せたことのない、ひかりがありました。

（中澤晶子《なかざわしょうこ》「さくらのカルテ」）

*小坊主＝修行中の年少の僧。　*絵師＝絵を描くことを職業とする人。
*百舌鳥＝モズ科の肉食の鳥。

★重要
□(1) **[心情理解]** ――線部①「ため息」とあるが、このときの和尚さんの心情として最も適切なものを次の**ア**～**エ**から選び、記号で答えなさい。(25点)　（　　）

**ア** 失望　**イ** 安心
**ウ** 感動　**エ** 緊張

□(2) **[内容理解]** ――線部②「わたし」は何を指しているか。最も適切なものを次の**ア**～**エ**から選び、記号で答えなさい。(20点)　（　　）

**ア** 長谷桜玄　**イ** 小坊主の春慶
**ウ** 和尚さん　**エ** さくらの木

□(3) **[語句の意味]** ――線部③「よい姿」とあるが、絵師はさくらについてどのように考えているか。最も適切なものを次の**ア**～**エ**から選び、記号で答えなさい。(25点)　（　　）

**ア** さくらの木は花の季節が最もうつくしい。
**イ** さくらの木は若木の間だけがうつくしい。
**ウ** さくらの木はどの季節でもうつくしい。
**エ** さくらの木はうつくしいが冬は殺風景だ。

差がつく
□(4) **[心情理解]** ――線部④「濃いさくら色になりました」とあるが、「濃いさくら色」は、小坊主のどのような心情を表しているか。その心情をもたらした理由を含めて、四十字以内で書きなさい。(30点)

月　日

10 時間目

入試重要度 A B C

# 〈小説〉主題をとらえる

入試攻略Points

❶中心人物の考え方から主題を読みとろう。
❷人物の行動や心情から主題を読みとろう。

解答
別冊7ページ

時間 30分　合格点 70点

得点　　点

**1** **次の文章を読んで、あとの問いに答えなさい。**（25点×4）〔栃木—改〕

〔自転車店を開業している加島のもとへ、永松と宮森が不意に訪れる。二人は登山の服装を身につけていた。〕

「むずかしいな。」

加島は言った。*雪渓《せっけい》の下で生きていることはむずかしいという意味だった。

「それは、こうして商売していて店を空けることはむずかしいでしょうし、それに加島さんは、いま……。」

言いかけて止《や》めた永松のことばに加島はむっとしたようにふりむいて、

「いまどうしたっていうんだね。」

さすがに永松はそれには答えられずにいた。子供が生まれたばかりだから、他人のことなんかどうでもいいだろうと言えば、①それでおしまいである。永松孝作は*清水《しみず》村からの電話を受け取った時、加島重造をつれていくと答えていた。山に経験の深い加島が、おっつけ参加するからと言ってある。加島が行かないと嘘《うそ》を言ったことになるし、永松自身、遭難救助ということには全く自信がなかった。

「行ってやってくれませんか、加島さん。」

それまで黙っていた宮森は哀願するように言ったが、加島は修理のできた上がった自転車を表に引き出すと、すぐ自分の自転車にまたがった。修理の上がった自転車をお得意先にとどけて、そのかえりに病院に寄ってくるつもりだった。自転車にまたがった瞬間、彼は病院の授乳室で、*菊子に抱かれておっぱいを飲んでいる、わが子のことを思い出した。可愛《かわい》いという気は起こらないが、なにかくすぐったいような、妙に重い責任を負わされたような気持ちは赤ん坊と初対面して以来変わってはいなかった。

彼は片手で自分の自転車のハンドルを握り、片手で修理したばかりの自転車のハンドルを握った。

彼の店の前には打ち水がしてある。そこを大きく左廻《まわ》りの車輪の跡を残して、自転車の方向を北に向けて走り出した時、背後で電話のベルを聞いた。電話のベルが彼の自転車を止めた。店には今年の春入ったばかりの店員の久雄がいる。たいていのことなら、久雄で分かるけれど、彼はなんとなく自転車をとめたままで、店の方をふりかえった。

電話は、商用ではなく、店にぼんやり突っ立っている永松孝作にかかって来たものだった。

「加島さん、第二報です、新しい情報です。」

永松が大通りに向かって上ずった大声で叫んだので、走っていたトラックが止まった。

加島は、自転車にまたがったままで、じっとしていた。清水村から入って来た新しい情報を聞けば、②山へ入らざるを得なくなるような気がしてならなかった。電話に永松がかかっている間に、自転車をとどけに行ってしまえば、遭難とはかかわりなくすんでしまうだろうと思ったが、彼はそこを動けずにいた。

「生きているそうです。確実に生きているそうです。」

永松が電話の途中で加島に向かって怒鳴《どな》った。

加島は自転車を大きく廻して、止まっているトラックのうしろを廻って店の前でおりた。

「なにかあったんですか。」

トラックの運転手が加島に訊《き》いた。

「山で遭難が起きたんです。」

「なあんだ、つまらない。」

トラックの運転手はそう言うと、不完全燃焼の排気ガスを、加島自転車店に浴びせかけるように残して走り去った。

③なあんだつまらないと言ったトラックの運転手の言葉は加島の心を突いた。加島は鋭い眼《め》つきでトラックを見送ってから、店の中へ入っていった。永松孝作が一応情報を聞き取ったところだった。

加島は永松の手から受話器をひったくるように取ると、

「すみませんが、初めからもう一度話して下さいませんか、順序を立てて、ゆっくりしゃべって下さい。」

そう言った瞬間、加島の心は決まっていた。　（新田《にった》次郎《じろう》「クレバス」）

*雪渓＝真夏のころまで残雪にうずめられる、高山の谷間。

*清水村＝遭難事故のあった山のふもとにある集落。　*菊子＝加島の妻。

□ (1) **［内容理解］** ――線部①「おしまいである」とあるが、永松が意図しているどんなことがだめになるのか。十五字以内で書きなさい。

□ (2) **［内容理解］** ――線部②「山へ入らざるを得なくなる」とあるが、加島が山へ入ることは、結果的にどのような意味を持つのか。最も適切なものを次の**ア**～**エ**から選び、記号で答えなさい。（　　）

**ア** 加島と家族が清水村で社会と隔絶した生活を送るかもしれないこと。

**イ** 加島の名声が家族へのねたみへと変化するかもしれないこと。

**ウ** 加島が子供を養う煩《わずら》わしさから解放されるかもしれないこと。

**エ** 加島と家族の平穏無事な暮らしが奪われるかもしれないこと。

差がつく

□ (3) **［内容理解］** ――線部③「なあんだつまらない……加島の心を突いた」とあるが、加島は「なあんだつまらない」という言葉に、運転手のどのような態度を感じとったのか。二十字以内で書きなさい。

★重要

□ (4) **［主　題］** 本文の内容に合っているものを次の**ア**～**エ**から選び、記号で答えなさい。（　　）

**ア** 新しい家族が誕生したことをきっかけにして、登山をやめた加島の心に生きる喜びがもどってきた。

**イ** 遭難救助に対して、ためらいを感じていた加島が、妻や仲間に励まされて、雪山に立ち向かう決心をする。

**ウ** 生まれたばかりの赤ん坊に対面した加島が、家族への愛情と父親の自覚に目覚めていく。

**エ** 遭難救助をためらっていた加島が、運転手の言葉をきっかけに、救助に向かう決心をする。

11 時間目

# 〈随筆〉筆者のものの見方・考え方をとらえる

入試重要度 A B C

入試攻略Points

❶段落ごとに事実か意見かを読み分けよう。
❷結論や心情を言い切った表現をおさえよう。

解答 別冊8ページ

時間 30分　合格点 70点

得点　　点

**1 次の文章を読んで、あとの問いに答えなさい。**〔新潟〕

常識という言葉を辞書を開いて調べると、「一般の人が持っている、また、持つべき知識・理解力・判断力」といった解釈をしている。ただ、私個人の解釈を言うなら「社会生活を営むうえで、当然知っている、と予想される知識」となるかもしれない。この「当然知っている、と予想される」というところがこの言葉の難しいところだ。つまり、個人個人の考え方や生きてきた環境が違えば、この「当然知っている、と予想される」内容も少なからず違ってきてしまうからだ。

A

私の父、京介は東北の岩手県出身、母は生粋《きっすい》の江戸っ子だった。この二人はしょっちゅう意見が衝突していたが、それは正月の雑煮《ぞうに》は何を入れるか、といった①大変ささいなことから始まっていた。父は絶対鮭《さけ》の子を入れなくては正月のめでたい気分は味わえない、と言い、母はお雑煮にそんな生ぐさいものを入れるなんて聞いたことがない、と反論する。

B

つまり、父にとっては雑煮には鮭の子を入れる、ということが「常識」なのであり、母にとっては入れないことが「常識」なのである。そしておたがいに自分の「常識」が正しいと思い込んでいる。相手も自分と同じ考え方をするはずだ、と予想し、それが外れると、「あの人は常識がない」という言い方をする。つまり「常識」とは大変個人的な考え方の尺度だ、と言えると思う。

「世間」という言葉がある。これを英語に訳すとworld（ワールド）になるが、「世界」と「世間」はちょっと違う。「社会」とも似ているが、受ける感じはやはり違う。土居健郎《どいたけお》氏の『甘えの構造』によると、日本人の生活は一番内側に身内の世界があり、これは遠慮がいらない。その外側に世間があり、そこでは窮屈な心遣いをすべきである。そしてその外側にまったく遠慮のいらない他人の世界があると考えられてきたのだそうだ。

日本人にとって「常識」が大切になるのは、この「世間」の世界である。ここでは身内の世界で学んだ「常識」がいろいろな形で試されることになる。②「世間さまに笑われる」とか、「世間に出て恥をかく」というような言葉はいかにも日本的だ。

しかしこの「世間」から抜け出して、まったく他人の世界に行ってしまえば、「常識」はそれほど大切ではないという考えになってしまうようだ。日本人は公徳心がないとよく言われる。公園や道路に空きカンを投げ捨てたりするのは、この辺に原因がありそうだ。③「旅の恥はかきすて」などとも言う。誰も知っている人がいなければ、何をしてもいいというわけであろう。

欧米にも我々のような社会生活を営むうえでの「常識」というのは当然ある。そしてそれは日本人の「常識」としばしば食い違うのもおもしろい。たとえば、私があるアメリカ人に大変世話になって、その次にその人の妹に会った。彼にはとても世話になったのでよろしく伝えてください、と頼んだ。日本人なら至極あたり前のことだ。ところがその妹はつっけんどんに、私と兄とは別々の人間で関係ない。そのようなことを頼まれるのは迷惑なことだ、と言うのでびっくりした。アメリカ人にとってはそんなこと④を言われるのは、常識外れということらしい。私はつくづく難しいものだと思った。

「郷に入れば郷に従え」という。つまり、「常識」というのは、そのくらい地域や家庭によって違う、ということだ。逆に言えば⑤「常識」とは、必ずしも普遍的な知識ではなく、また合理的ですぐれたルールというわけでもないのである。

（金田《きんだ》一春彦《いちはるひこ》「日本語を反省してみませんか」）

□ (1) 【語句の意味】——線部①「ささいな」の意味として最も適切なものを次のア〜エから選び、記号で答えなさい。(10点)　（　　）

ア　めったにない不思議な
イ　あとで問題になりそうな
ウ　おもしろくて興味深い
エ　たいした価値を持たない

□ (2) 【段落の役割】Aで示した段落に対する、Bで示した段落の役割を説明したものはどれか。最も適切なものを次のア〜エから選び、記号で答えなさい。(10点)　（　　）

ア　Aの段落の話題を発展させ、証拠となる例を挙げている。
イ　Aの段落の内容を分析し、自分の考え方を提示している。
ウ　Aの段落と全く違う話題に移り、話の方向を変えている。
エ　Aの段落の内容をまとめ、予想される反論を示している。

★重要

□ (3) 【理由説明】——線部②「いかにも日本的だ」とあるが、筆者がこのように考える理由として最も適切なものを次のア〜エから選び、記号で答えなさい。(20点)　（　　）

ア　日本人は、「世間」を身近な存在と感じ、「常識」にとらわれない行動をとっているから。
イ　日本人は、「常識」に欠ける傾向があり、「世間」の人々に笑われても深刻に考えないから。
ウ　日本人は、「常識」が試される「世間」で、どのように評価されるかを気にしているから。
エ　日本人は、自分の「常識」が正しいと信じており、「世間」での評判など気にしないから。

□ (4) 【内容理解】——線部③「旅の恥はかきすて」とあるが、筆者は、この「旅」とはどのようなところに行くことだと考えているか。文中から五字で抜き出して書きなさい。(20点)

□ (5) 【指示語の内容】——線部④「そんなこと」は、具体的にはどの部分を指すか。文中から二十五字で抜き出し、初めと終わりの五字を書きなさい。(15点)

〜

差がつく

□ (6) 【理由説明】——線部⑤『常識』とは……というわけでもないのである」とあるが、筆者はなぜこのように結論づけているのか。その理由を五十五字以内で書きなさい。(25点)

12 時間目

入試重要度 A B C

# 〈随筆〉主題をつかむ

入試攻略Points

❶筆者が問題としているものをとらえよう。
❷中心段落と重要語句をおさえて主題をつかもう。

解答 別冊9ページ

時間 30分　合格点 70点

得点　　点

**1** **次の文章を読んで、あとの問いに答えなさい。**〔京都産業大附高―改〕

ぼくの中学生のころ、戦争があった。そのときの状況を、きみたちに伝えることは、とても難しい。

だいいち、ぼく自身も、おおかた忘れてしまった。いま思いだすことは、「戦争の悲惨」といった世間の常識に、あとから合わしたことのような気もする。当時はおそらく、悲惨などといった思いのない、もっとかわいた時代だった。

それに、戦争の中における感じ方は、人によって違ったはずだ。たぶん、ぼく自身の感じ方だって、特殊なものかもしれない。ただし、みんなが戦争熱に浮かされていた、というのは嘘《うそ》だ。子どもまで、みんなが目をつりあげて、戦争にかりだされた、なんてのも嘘だ。けっこう、戦争なんてどうでもええや、といったサボりもいた。

どうして、そうしたのが伝わらなかったか、ぼくはむしろ、そちらのほうが気になる。①「いい子」の歴史ばかりが、歴史ではない。

戦争の時代よりは、戦後の時代のほうが、ぼくには語りがいがある。社会のひとつの時代が去って、おとなたちはみな、自信を失っていた。そしてそれは、②子どもにとっては、なんとも開放された時代だった。

（中略）

夏ならば、道ばたで寝てもよかった。一日ぐらい、なにも食べないこともあった。なにを着ていてもよかった。ようするに、なにごとも、どうでもよかった。もう、年もとったし、いまの時代になれてしまったので、あの時代を生きなおす自信はない。しかし、それがぼくの青春だったゆえか、ぼくには、とてもなつかしい。なにもなしの自由、それがその時代だった。

ぼく個人にとっては、敗戦の悲惨といった印象とは、それはつながらない。戦争のときの、空襲の下を逃げまどったときでさえ、悲惨の感覚はなかった。もっともぼくは、直接的な被害に合うことがなかったのだけれど。そのかわり、戦争の悲惨について語ることが、ぼくにはとても、うしろめたい。戦争での死者たちのおかげで、敗戦が確定し、それでぼくは命ながらえている思いがするのだ。

たとえば、原爆に関して、ぼくは③屈折した思いが消えない。広島や長崎の市民たちの死とひきかえに、戦争が終わり、ぼくの命が残っている。ぼく自身は、原爆によって、なんの被害も受けていない。むしろ、死者たちのかわりに、いま生きている。

戦争というものは、死者を作ることによって、生きのびている人間を残す。そして、生きのびたぼくとしては、自分の生との関係で、死者について思う、といった複雑さがある。この場合の死者というのは、中国人とかインドネシア人とかはもちろん、アメリカ人やロシア人も含めてだ。

戦争について、ぼくが語れるのは、悲惨についてでなく、むしろ、死者によって生きのこった、といったぐらいのことだ。しかし、それすらも、当時の実感だったか、あやしい。自分の生死すらが不確実な時代、他人の死とのかかわりで自分の生を考えるまでの余裕は、あまりなかった。④そのことが、時代というものに、奇妙にかわいた感じを与えていた。

戦後の空白の自由にも、死者たちのかげがあった。でもそれは、しめった涙ではなかった。それでぼくは、涙とのかかわりで、戦争について語ることができない。

ぼくは子どもだったので、手をくだしてはだれも殺していないのだが、戦争というものには、他人を殺して自分が生きた、そうした思いだけがある。

（森毅《もりつよし》「まちがったっていいじゃないか」）

---

□ (1) 〔内容理解〕——線部①とはどういうことか。最も適切なものを次の**ア**～**エ**から選び、記号で答えなさい。（15点）（　　）

**ア** 実際は、勝利を求めて戦争時代を過ごした人も、そうではない人も、皆戦争に動員されてしまったということ。

**イ** 実際は、歴史というものが出来事の一側面しか記さないので、後世の人間はそれを信じることしかできないということ。

**ウ** 実際は、ひたすら勝利を求めて戦争の時代を過ごした人だけではなく、戦争について関心を持たない人もいたということ。

**エ** 実際は、ひたすら勝利を求めて戦争時代を過ごした人だけではなく、戦争に反対し、参加を拒絶する人もいたということ。

□ (2) 〔内容理解〕——線部②とあるが、これはどういう時代だと言えるか。「～の時代」に続くように、文中から十字以内で抜き出して書きなさい。（20点）

□□□□□□□□□□の時代

差がつく

□ (3) 〔心情理解〕——線部③とはどういう思いか。それをまとめた次の文の□にあてはまる適切な言葉を、文中の言葉を用いて二十五字以内で書きなさい。（20点）

原爆で亡くなったたくさんの人がいることで、□思い。

□ (4) 〔内容理解〕——線部④とはどういうことか。最も適切なものを次の**ア**～**エ**から選び、記号で答えなさい。（20点）（　　）

**ア** 自分の生を考える余裕すらなかったことが、戦争時代に、悲しみや痛ましさといった感情の生じない雰囲気をもたらしたということ。

**イ** 自分の生を考える余裕すらなかったことが、戦争時代に、あらゆるものに対して夢中になれない雰囲気をもたらしたということ。

**ウ** 戦争体験について語れないことが、戦後の時代に、生きている実感をもてない雰囲気をもたらしたということ。

**エ** 戦争体験について語れないことが、戦後の時代に、感情を排して暮らさなければいけない雰囲気をもたらしたということ。

★重要

□ (5) 〔主　題〕——線部とあるが、筆者がそのように考える理由を、本文全体を踏まえて五十字以内で書きなさい。ただし、「死者」という言葉を必ず使うこと。（25点）

# 13 時間目

入試重要度 A **B** C

## 〈随筆〉表現を理解する

**入試攻略Points**
❶表現技法を理解しよう。
❷筆者独特の表現に注意しよう。

解答 別冊10ページ

時間 **30**分　合格点 **70**点

得点　　点

**1** **次の文章を読んで、あとの問いに答えなさい。**〔奈良—改〕

私は、いま*信州八ヶ岳山麓の仕事場で暮らしているが、この小屋の南面は畳を十二枚ほど敷ける広さの木造ベランダになっている。このベランダに、リスの一家がくる。ひどい①雨降りでない限り、毎日朝夕二度は必ずくる。一家といっても、私が勝手にそう思っているだけだが、家族と思われる三匹は、まるで父親から教わったかのように、まったく同じ枝から枝へと伝わりながら寸分違《たが》わぬコースをやってくるし、一度などは、顔見せのように三匹が一列になって同時にあらわれたりしたから、まず三匹家族の一家だと思っていいだろう。

私はリスの習性など知らずにいうのだが、②この三匹は親子ではないかと思っている。両親と今年生まれた子ども。三匹とも、似たような体つきをしていて、一見してみな同じように見えるが、季節による毛の色の変わり方も、色そのものもまちまちだから、ベランダでの様子を見ていると、だんだん違いが分かってくる。

ベランダの手すりには、太い丸太を横木に用いてある。樹皮を剥いだだけの丸太だから、枝を折り取ったあとがあちこちに浅いくぼみを作っている。私は、そのくぼみにリスの好物を、あるときは殻のままのクルミやピーナッツを、あるときは(幼児食のつもりで)殻をむいたクルミやピーナッツを置いてやるのだが、そのえさの食べ方を見ていると、なんとなく、どれが父親で、どれが母親で、どれが子どもかが分かるような気がするのである。

子どもは、まだ何事にも慣れていないから、臆病で落ち着きがない。一家は、林を伝ってきて、最後はベランダのそばにあるカラマツの大木(私たちは親方と呼んでいる)の下枝からベランダに跳び移るのだが、③びくびくものの子どもは一目散に丸太を駆け渡るのが精一杯で、くぼみのえさにも気がつかないことがしばしばである。

父親とおぼしき貫禄《かんろく》のある一匹は、最初からくぼみというくぼみの匂いをかぎながらやってきて、えさを見つけると、その場に腰を下ろしてゆっくりと味わう。そのとき、あの、立てたふさふさのしっぽを背中にぴったりとつけ、両手でえさを持ち上げて食べる、なんともかわいらしい姿が実現するわけで、私は仕事部屋の窓から思わず見ほれてしまうのである。

ところが、④上には上があるもので、私にそれ以上の至福を感じさせるのが母親リスである。腰の豊かな彼女は、丸太の上で横座りをし、満腹すると、親方の枝に移って、うずらの卵ほどのこぶを抱くようにしてしばしのうたた寝を試みるのである。これがはじまると、私は筆記用具を置いて、ただもう、うっとりとその寝姿を見守るほかはない。

今年の夏は、*月遅れの盆を中心に山麓は人出が多かった。私はいま、どこかに避難しているらしいリスの一家が帰ってくるのを待っているところだ。

(三浦哲郎《みうらてつお》「狐《きつね》のあしあと」)

*信州＝長野県の旧国名である信濃《しなの》の別称。
*月遅れの盆＝一月《ひとつき》遅れのお盆のこと。

□(1) **[語句の構成]** ——線部①「雨降り」は、主語と述語の関係にある「雨」と「降り」が合わさってできた語である。これと

同じ関係にある語を次の**ア**～**エ**から選び、記号で答えなさい。(12点)(　　)

**ア** 川下り　**イ** 初売り
**ウ** 日照り　**エ** 荷造り

差がつく
□(2)【内容理解】――線部②「この三匹は……生まれた子ども」とあるが、筆者は三匹のリスを、どのようなことを手がかりにして見分けているか。文中の言葉を用いて、三十五字以内で書きなさい。(20点)

□(3)【内容理解】――線部③「びくびくものの……駆け渡るのが精一杯」とあるが、ここから読みとれる子どものリスの様子として最も適切なものを次の**ア**～**エ**から選び、記号で答えなさい。(12点)(　　)

**ア** 両親が見ているので、滑りやすい丸太でも安心して渡っている様子。
**イ** 何事にも興味があるために、丸太から落ちそうになるそっかしい様子。
**ウ** えさを横取りされないために、早く丸太を渡ろうという抜け目のない様子。
**エ** いろいろなことをあまり経験していないので、何事にも自信のない様子。

(4)――線部④「上には上があるもので、私にそれ以上の至福を感じさせる」について、次の問いに答えなさい。

□①【指示語の内容】「それ」とは何を指しているか。三十字以内で書きなさい。(20点)

□②【心情理解】筆者の「至福」の思いは、文中のどの表現とどの表現との対比によって最も効果的に表されているか。それぞれ十四字と二十三字で抜き出して書きなさい。(12点×2)

★重要
□(5)【表　現】本文の表現の特色として最も適切なものを次の**ア**～**エ**から選び、記号で答えなさい。(12点)(　　)

**ア** 感動の気持ちを強調するために三匹のリスの姿を倒置を用いて描き出し、筆者のはずむ気持ちを追体験させる。
**イ** 細かい観察をもとに三匹のリスの様子を平易な言葉を用いて描き分け、目の前で見ているような思いにさせる。
**ウ** 三匹のリスの行動の特徴を言葉の反復を効果的に用いて描き分け、それぞれの違いを生き生きと感じさせる。
**エ** 感覚的にとらえた三匹のリスの姿を色彩表現を多く用いて描き出し、一枚の絵のように印象深くとらえさせる。

14 時間目

入試重要度 A B **C**

# 〈詩〉情景をとらえ、主題をつかむ

入試攻略Points
❶中心となる情景を読みとろう。
❷感動の中心から主題をとらえよう。

解答 別冊11ページ

時間 30分　合格点 70点

得点　　点

**1** **次の詩を読んで、あとの問いに答えなさい。**〔北海道〕

雪の花　　南郷芳明《なんごうよしあき》

雪よ　何ゆえに
お前は秘める
正六角形の不思議な花を

*およそ何のための美しさ
その花は
見せるためのものではないというのに

何のためでもない美しさ！
とすれば　それは
人の心の美しさに似てはいないか

雪よ　お前の神秘的な美しさは
その見えない花の力によるのではないか
人の行為がその心によって美しいように

（「未知の樹《き》」）

*およそ＝そもそも

★重要
□ (1) ［内容理解］——線部「とすれば」が表していることを、次の文にまとめた。A・Bにあてはまる適切な言葉をあとのア〜エからそれぞれ選び、記号で答えなさい。（12点×2）

A が B だとすれば

ア 人の心の美しさ
イ 見せるための美しさ
ウ 何のためでもない美しさ
エ 正六角形の不思議な花の美しさ

A（　　）　B（　　）

差がつく
□ (2) ［主　題］第四連について説明した文として最も適切なものを次のア〜エから選び、記号で答えなさい。（24点）（　　）

ア 雪の美しさは、内に秘められたものの美しさによって支えられているということを、人の行為と心との関係に重ね合わせて表現している。
イ 雪の花の美しさは、外見の神秘的な美しさによって一段と強調されるということを、人の行為と心との関係に重ね合わせて表現している。
ウ 人の心の美しさは、外見の神秘的な美しさによって引き立てられているということを、雪の花の形と力との関係に重ね合わせて表現している。
エ 人の行為の美しさは、内に秘められたものの美しさによって一層高められるということを、雪の花の形と力との関係に重ね合わせて表現している。

## 2 次の詩を読んで、あとの問いに答えなさい。〔桐朋高―改〕

### テーブルの上の胡椒《こしょう》入れ

長田弘《おさだひろし》

それはいつでもきみの目のまえにある。
ベーコン・エンド・エッグスとトーストの
きみの朝食のテーブルの上にある。
ちがう、新聞の見出しのなかにじゃない。
混みあう駅の階段をのぼって
きみが急ぐ時間のなかにじゃない。
きみのとりかえしようもない一日のあとの
街角のレストランのテーブルの上にある。
ちがう、思い出やお喋《しゃべ》りのなかにじゃない。
ここではないどこかへの
旅のきれいなパンフレットのなかにじゃない。
それは冷えた缶ビールとポテト・サラダと
音楽と灰皿のあるテーブルの上に、
ひとと一緒にいることをたのしむ
きみの何でもない時間のなかにある。
手をのばせばきみはそれを摑《つか》めただろう。
幸福はとんでもないものじゃない。
それはいつでもきみの目のまえにある。
なにげなくて、ごくありふれたもの。
誰にもみえていて誰もがみていないもの。
たとえば、
テーブルの上の胡椒入れのように。

（「食卓一期一会」）

---

★重要

□ (1) ［表現技法］この詩に使われている表現技法として適切でないものを次のア～エから一つ選び、記号で答えなさい。（16点）（　　）

ア 擬人法　イ 倒置　ウ 反復　エ 体言止め

□ (2) ［内容理解］――線部「とんでもない」のここでの意味を、五字以内で書きなさい。（16点）

□□□□□

差がつく

□ (3) ［主　題］この詩についての説明として適切なものを次のア～オから二つ選び、記号で答えなさい。（20点）（　・　）

ア 「テーブルの上の胡椒入れ」という、作者にとって思い入れの深い題材を経験を交えて詠みこむことで、詩そのものの輝きや充実感が増している。

イ 「きみ」という二人称を用いることで、詩全体が作者から読者一人ひとりへの語りかけのように感じられ、作者と読者との距離を近づける効果が生じている。

ウ 「じゃない」という否定表現を多く用いることで、幸福は放っておけばやがて消えてしまうものであり、とらえることが難しいということを強調している。

エ 外来語の音の響きを詩の中に多く盛りこむことで、作者と読者一人ひとりとの間での幸福感の行き交いが国境を越えて広がっていくことを印象づけている。

オ ありふれた日常的な場面を描くことで、多くの人々の生活の中に存在しながらも見逃されてしまいがちなしあわせを、ことばによって掬《すく》いとっている。

# 15 時間目

入試重要度 A B **C**

## 〈短歌・俳句〉形式を理解し、鑑賞する

**入試攻略Points**

❶短歌と俳句の形式の違いを覚えよう。
❷句切れや表現技法から感動を読みとろう。

解答 別冊12ページ

時間 30分　合格点 70点

得点　　点

**1** 次の短歌を読んで、あとの問いに答えなさい。〔福島―改〕

A　*吾妻《あづま》やまに雪かがやけばみちのくの
　　我が母の国に汽車入りにけり

B　母恋しかかる夕べのふるさとの桜咲くらむ山の姿よ

C　ふるさとの訛《なまり》なつかし
　　停車場の人ごみの中に
　　*そを聴きにゆく

D　海恋し潮の遠鳴りかぞへては少女《をとめ》となりし父母の家

E　なんでもない会話なんでもない笑顔
　　なんでもないからふるさとが好き

*吾妻やま＝福島市西部にある福島・山形県境にある山。
*そ＝「それ」と同じ。

□ (1) ［表現技法］次の表現技法が使われている短歌はどれか。A〜Eから一つずつ選び、記号で答えなさい。(9点×2)

a 対句　b 体言止め

a（　　）　b（　　）

□ (2) ［季　節］次の季節を詠《よ》んだ短歌はどれか。A〜Eから一つずつ選び、記号で答えなさい。(9点×2)

a 春　b 冬

a（　　）　b（　　）

□ (3) ［作　者］Eの短歌の作者を次のア〜エから選び、記号で答えなさい。(9点)

（　　）

ア 石川啄木《いしかわたくぼく》　イ 与謝野晶子《よさのあきこ》
ウ 俵万智《たわらまち》　エ 斎藤茂吉《さいとうもきち》

★重要
□ (4) ［内容理解］初句切れで、ふるさとにかかわる聴覚的な記憶をもとに望郷の心情をうたった短歌として最も適切なものをA〜Eから選び、記号で答えなさい。(9点)

（　　）

差がつく
□ (5) ［鑑　賞］次の文章は、A〜Eのいずれかの短歌の鑑賞文の一部である。この鑑賞文中の□にあてはまる適切な言葉を、その短歌の中から九字で抜き出して書きなさい。(10点)

□□□□□□□□□

　ふるさとは人に優しさや温かさを感じさせてくれます。そして、人はさまざまなものからその優しさや温かさを感じとります。
　この短歌は地方から都会に出てきた作者が、ふるさとを思って詠んだものです。都会の人々が何気なく話す言葉を聞いた作者は、ふと自分だけが他人とは違う言葉を話しているのではないだろうかと感じ、そうした寂しさのなかでふるさとを強く思ったのでしょう。作者はその思いを慰めるため、「□」へと向かうのです。

**2** **次の俳句とその鑑賞文を読んで、あとの問いに答えなさい。**（9点×4）〔高知〕

しゃぼん玉木《こ》の間《ま》をすぐるうすうすと　水原秋櫻子《みずはらしゅうおうし》

石けんを溶いた液をムギワラの管につけて吹くと、液は大きくゆがんだ球となり、七彩*がぐるぐる回転しはじめる。実に美しい。やがて管を離れて完全な球となり、①空中を浮遊する。これがしゃぼん玉だ。しゃぼん玉の七彩は太陽光線の分析であるから、しゃぼん玉は晩春の光だけでなく、②初夏の光で見ると、一層美しいのではあるまいか。

ここに現れたしゃぼん玉は浮遊している。風がなければ、やがて地上に下りて来るが、風があるからそれに乗って□浮遊をつづけているのだ。時には木の間を通り過ぎたりする。木にあたればそれまでだが、木と木の間を難なく通り過ぎることがある。

木の間では、しゃぼん玉も太陽光線を分析することができないので、無色の球となって浮遊する。

その無色の球を作者は「うすうすと」と表現した。この「うすうすと」はそのときのしゃぼん玉を表現するのに実に適切である。

（山口誓子《やまぐちせいし》「俳句鑑賞入門」）

*七彩＝七種の色。ここでは太陽光線に含まれている七色のことをいう。

□ (1) 〔季　節〕この俳句の季節として最も適切なものを次のア〜エから選び、記号で答えなさい。（　　）

ア 春　イ 夏　ウ 秋　エ 冬

★重要
□ (2) 〔内容理解〕——線部①「空中を浮遊する」とあるが、しゃぼん玉として空中を浮遊する直前の形を、鑑賞文中から八字で抜き出して書きなさい。

□□□□□□□□

差がつく
□ (3) 〔理由説明〕——線部②「初夏の光で見ると、一層美しいのではあるまいか」とあるが、筆者がそのように考えたのはなぜか。その理由として最も適切なものを次のア〜エから選び、記号で答えなさい。（　　）

ア しゃぼん玉の美しさは見るものの感覚に左右されやすいので、心が浮き立つ初夏の日射しのもとのほうが一層美しいから。

イ しゃぼん玉の美しさは太陽光線を分析したときに出る七種の色によるので、初夏の強い日差しのもとのほうが一層美しいから。

ウ しゃぼん玉の美しさは木の間を浮遊している様子にあるので、木々の緑が美しい初夏の日差しのもとのほうが一層美しいから。

エ しゃぼん玉の美しさは風に乗って空高く舞いあがる様子にあるので、青空からそそぐ初夏の日差しのもとのほうが一層美しいから。

□ (4) 〔語句の補充〕□にあてはまる言葉として最も適切なものを次のア〜エから選び、記号で答えなさい。（　　）

ア すみやかに　イ はるかに　ウ にわかに　エ ゆるやかに

# 総仕上げテスト ①

解答 別冊14ページ

時間 45分　合格点 70点

得点　　点

**1** **次の文章を読んで、あとの問いに答えなさい。**〔秋田—改〕

1 ひとは食べずには生きていけない。そして食べるためには、食べるものを作らなければならない。狩猟民や採集民にしても、獲物や採集物を、調理もせずに食べるのはまれであろう。調理は、人間生活におけるもっとも基礎的な行動であることは疑いない。火がしばしば文明の象徴とされるのも、おそらくそういう理由からであろう。

2 が、この調理といういとなみに、奇妙なことが起こっている。独身の人たちにかぎらず、料理をしないひとが増えてきたというのは、正確な数字情報はもっていないけれども、コンビニエンス・ストアやデパートの地下の食料品売り場、あるいは夜の居酒屋などの風景を見るかぎり、どうも①たしかな事実のようである。昼休みともなると、みずから調理したお弁当を開けるひとはさらに少なくなる。ほとんどのひとが社員食堂に行くか、弁当を買いに行く。パンやスナック菓子ですませるひとも少なくない。

3 他方で、テレビをつければ、朝から晩おそくまで、料理番組やグルメ番組がずらっと並んでいる。ワイドショーが②めじろ押しの「主婦」の時間帯には、料理番組がもともと多い。が、最近は深夜十一時をまわってからの、それもたっぷり時間をとった番組が増えている。料理の*レシピを伝えるというより、あきらかにゲーム感覚のショーといった感じである。それに、ふだんとても手に入らないような食材を使っている。つまり視聴者があとで作るであろうことは計算に入っていない。そして③それで番組がなりたっているということだ。

4 作らないということは、食事の調理過程を外部に委託するということだ。調理を家の外に出すということ、そのことの意味は想像以上に大きいようにおもう。

5 たしかに、むかしは調理も公共の場で、たとえば露地の共同炊事場でおこなわれることが多かった。それは戦後の二十年くらいまではふつうの光景だった。その後料理の仕事は「マイホーム」に内部化されたのだが、④現在ふたたびその過程が、わたしたちからは見えない場所に移動させられつつある。それはちょうど、かつて排泄《はいせつ》が野外や共同便所でなされ、汲《く》み取りもわたしたちの面前でなされていたのに、下水道の完備とともに排泄物処理が見えない過程になったのと同じことである。

6 それとほぼ並行して、病人の世話が病院へと外部化された。出産や死という、人生でもっとものっぴきならない瞬間も家庭の外へと去った。家で母親のうめき声を聴くことも、赤ちゃんの噴きだすような泣き声も聴くことはなくなってしまった。いや、じぶんの身体でさえ、もはやじぶんでコントロールできず、体調がすぐれないときには、すぐに医院にかけつけるしまつだ。自己治療、相互治療の能力はほぼ枯*渇した。その点で、身体はもはやじぶんのものではない。

7 誕生や病《やま》いや死は、人間が有限でかつ無力な存在であることを思い知らされる出来事である。同じように排泄《はいせつ》も、じぶんがほかならぬ自然の一メンバーであることが思い知らされるいとなみである。そういう出来事、そういういとなみが、「戦後」という社会のなかで次々に外部化していった。そして家庭内にのこされたそういう種類の最後のいとなみが、調理だった。

8 ひとは調理の過程で、じぶんが生きるために他のいのちを破壊せざるをえないということ、そのときその生き物は渾身《こんしん》の力をふりしぼって抗《あらが》うということを、身をもって学んだ。そしてじぶんもまたそういう生き物の一つでしかないということも。そういう体験の場所がいまじわりじわり消えかけている。見えない場所に隠されつつある。このことがわたしたちの現実感覚にあたえる影響は、けっして少なくないとおもう。

（鷲《わし》田《だ》清一《きよかず》「普通をだれも教えてくれない」）

＊レシピ＝料理の調理法。
＊枯渇＝尽き果てて、なくなること。

□(1) ——線部①とは何か。「こと。」に続くように、文中から十五字以内で抜き出して書きなさい。(12点)

（　　　　　　　　　　　　　　　）こと。

□(2) ——線部②の意味として最も適切なものを次のア〜エから選び、記号で書きなさい。(10点)（　　）

ア 他に目が向かないこと　イ 集まって込み合うこと
ウ 強い影響を及ぼすこと　エ 大声で騒ぎ立てること

□(3) ——線部③「それで番組がなりたっている」ことに対する筆者の感じ方として最も適切なものを次のア〜エから選び、記号で答えなさい。(10点)（　　）

ア 違和感　イ 達成感
ウ 親近感　エ 劣等感

□(4) ——線部④とあるが、調理の過程が、どのようになり、さらにどのようになりつつあるのかを、「調理の過程が」という書き出しで、文中の言葉を用いて四十五字以内で書きなさい。(14点)

調理の過程が

□(5) 4〜8段落の中で、左図のBとCのように並立の関係にある連続した二つの段落を選び、番号で答えなさい。(12点)（　・　）

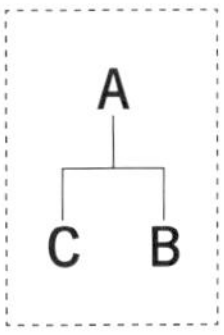


□(6) 本文の内容と合っているものを次のア〜エから選び、記号で答えなさい。(10点)（　　）

ア 調理が人間生活における最も基礎的な行動であることは、現代人の食生活やテレビ番組を見ても明らかである。
イ 調理は公共の場で行う共同作業であったが、家庭でも調理を行わなくなると家族の共同作業もなくなることになる。
ウ 調理が火を使わなくてもすむようにレシピが伝えられて、家庭内から文明の象徴とされる火が消えようとしている。
エ 調理は人間が生き物の一つでしかないことを体験する場であって、家庭内にのこされたその種類の最後のものである。

## 2 次の詩と鑑賞文を読んで、あとの問いに答えなさい。

希望

羽曾部忠《はそべただし》

一つ一つの星のかがやきがちがうように、
一つ一つの花の色や形がちがうように、
わたしたちのむねからはばたこうとする
ゆめはちがう。

そんなにたくさんのゆめに包まれて
地球は、シャボン玉のように
光っているだろう。

　この詩では、「星のかがやき」や「花の色や形」がちがうように、わたしたちは、それぞれいろいろな□をもっていると表現されています。そして、その□でいっぱいの地球は、シャボン玉のかがやきにたとえられ、「希望」という題名につながっています。

□(1) ――線部「ように」などの語を使う表現の方法を何というか。最も適切なものを次のア～エから選び、記号で答えなさい。(10点)（　　）

**ア** 比喩　**イ** 使役
**ウ** 断定　**エ** 推量

□(2) □にあてはまる共通の言葉を、詩の中から抜き出して書きなさい。(12点)（　　）

## 3 次の俳句・短歌を読んで、あとの問いに答えなさい。〔岩手―改〕

**A** 眼《め》のごとき沼あり深き冬の山　鷲谷七菜子《わしたになこ》

**B** 風の樹々《きぎ》プールの子らに騒ぎ添《そ》ふ　石田波郷《いしだはきょう》

**C** 万緑《ばんりょく》の中や吾子《あこ》の歯生え初《そ》むる　中村草田男《なかむらくさたお》

**D** 向日葵《ひまわり》は金の油を身にあびてゆらりと高し日のちひささよ　前田夕暮《まえだゆうぐれ》

**E** みづからの光のごとき明るさをささげて咲けりくれなゐの薔薇《ばら》　佐藤佐太郎《さとうさたろう》

□問 A～Eの俳句・短歌の説明として最も適切なものを次のア～オから選び、記号で答えなさい。(10点)（　　）

**ア** Aの俳句では、ありふれた単純なたとえで、平凡な日常生活が印象深く表されている。

**イ** Bの俳句では、自然が人間にたとえられることで、身近なものとして表現されている。

**ウ** Cの俳句では、子どもと自然の成長を結びつけることで、季節への哀愁が表現されている。

**エ** Dの短歌では、意外な素材を結びつけることで、すずしげな情景が映し出されている。

**オ** Eの短歌では、人間を薔薇にたとえることで、青春時代の輝かしい情景を表している。

# 総仕上げテスト ②

解答 別冊14ページ

時間 45分　合格点 70点

得点　点

**1 次の文章を読んで、あとの問いに答えなさい。**〔近畿大泉州高―改〕

蔵原走《くらはらかける》は寛政大学の寮の仲間とともに「東京箱根間往復大学駅伝競走（箱根駅伝）」に初挑戦することになり、*予選会の結果発表に臨んでいる。

「八位、寛政大学」

空耳かと思った。*キングが飛びかかってきた。*清瀬《きよせ》がめずらしく全開の笑顔で両手を空にあげた。*ムサと*神童は、へなへなと芝生に腰を下ろした。*ニコチャンと*ユキがハイタッチを交わし、*双子と*葉菜子がわめきながら、走の体じゅうをはたいた。

もみくちゃにされながら、走は見た。掲示板に、「寛政大学」の文字が燦然《さんぜん》と輝いているのを。*王子が輪の外で、一筋の涙を流したのを。

やったんだ。ようやく、事実が脳まで達した。俺たちは、箱根駅伝に出場できるんだ。

気づくと走は、腹の底から咆哮《ほうこう》していた。

寛政大学の合計タイムは、十時間十六分四十三秒。十人の平均順位は、八十六位だった。

七位の城南文化大学は、実質には十時間十七分〇三秒。インカレポイントによって、寛政大学よりも順位を上につけたわけだ。九位ぎりぎりで予選を通過したのは、新星大学。タイムは十時間十七分十八秒だった。

走は掲示板に書かれたタイムを見上げ、安堵《あんど》と喜びで大きく息を吐いた。寛政大学ははじめての挑戦で、見事に箱根への切符を手に入れたのだ。それも、十時間十六分台という七位相当のタイムで。

あちこちで、驚きの声があがっていた。

（中略）

芝生広場で陣地を片づけているときも、密着取材のカメラに向かって、一言ずつコメントを求められたときも、走は頭がくらくらして、酸欠状態だった。走っていたときより苦しく、足もとがおぼつかない。

予選会を通過しただけだ。本番は来年の正月。約七十五日後の箱根駅伝なんだから。そう言いきかせても、うれしさが胸にあふれる。

清瀬はかつて言った。①「箱根は蜃気楼《しんきろう》の山なんかじゃない」と。本当にそのとおりだ。*竹青《ちくせい》荘の住人たちは、実体として山が見えるところまで、とうとうやってきた。

走は沸き立つ気分のまま、ビニールシートを手際よく畳んだ。ジョータとジョージが芝生に座っていた。掲示板から結果を写してきたメモを覗《のぞ》きこんで、なぜか顔をしかめる。

「どうした」

と走が声をかけた。双子が走を振り仰いだ。

「*ハイジさんは、頂点を取ろうって言ったよな」

ジョータがつぶやく。

「うん？　そうだっけ」

走は軽い気持ちで相槌《あいづち》を打ったが、ジョータは納得しない。

「言ったよ。でも、このタイム……」

「どうしたんだよ」

走はビニールシートを置き、双子のそばにしゃがんだ。「早く片付けて帰ろう。きっと今夜は宴会だ」

「走、頂点って優勝じゃないのか？」

ジョージが②悲壮な表情で言った。「俺たちの合計タイムが、十時間十六分四十三秒。予選一位通過の東体大が、十時間〇九分十二秒。七分半も差がある。それなのに、これはまだ予選会でしょ？　じゃあ、箱根で優勝するような大学の選手は、いったい二十キロをどれぐらいの速さで走るの？」

「俺たちも練習すれば、正月までにそのレベルになれるのか？」

ジョータは真剣に問いただしてきた。「なあ、どうなんだよ走」

走は、③なにも答えられなかった。　（三浦《みうら》しをん「風が強く吹いている」）

＊予選会＝二十キロのコースを各チームが一斉に走り、その合計タイムで競う。上位十チームが本選に進める。

＊キング・清瀬・ムサ・神童・ニコチャン・ユキ・双子・葉菜子・王子＝寛政大学駅伝チームのメンバー。双子はジョータとジョージ。

＊竹青荘＝走たちが暮らす学生寮。　＊ハイジ＝清瀬の名前。

□(1) ——線部①「箱根は蜃気楼の山なんかじゃない」とあるが、これはどういうことか。説明しなさい。(20点)

（　　　　）

□(2) ——線部②「悲壮な表情で言った」とあるが、この時のジョージの心情として最も適切なものを、次の**ア**〜**エ**から選び、記号で答えなさい。(10点)　（　　）

**ア** 予選会を通過することだけが自分たちの目標ではなかったはずなのに、箱根駅伝で優勝することを誰も言い出さないことで、いら立ってきている。

**イ** 予選会を通過したことで箱根駅伝が現実のものとなったが、箱根駅伝で優勝するためにまだまだ試練があると思うと、恐ろしくなってきている。

**ウ** まさか予選会を通過できるとは思っていなかったので、箱根駅伝に本気で取り組まなければならなくなり途方に暮れている。

**エ** 自分たちの目標が箱根駅伝への出場だけではなく、箱根駅伝で優勝することであると考えると予選会の通過だけで喜んではいられないと思っている。

□(3) ——線部③「なにも答えられなかった」とあるが、走はなぜ何も答えられなかったのか。説明しなさい。(20点)

（　　　　）

□(4) 本文の表現に関する説明として最も適切なものを、次の**ア**〜**エ**から選び、記号で答えなさい。(10点)　（　　）

**ア** 予選会のタイムを具体的な数字で表すことで、予選会の臨場感、緊張感を効果的に表現している。

**イ** 登場人物をニックネームで表記することで、物語のフィクション性を演出している。

**ウ** 会話のテンポの良さが、「寛政大学」の選手たちの絆の深さを読者へ印象づけている。

**エ** 本文中に「燦然」や「咆哮」などの漢語を用いることで、予選会の重々しい空気感をかもしだしている。

## 2 次の俳句とその解説文を読んで、あとの問いに答えなさい。〔岡山―改〕

古池や蛙《かわず》飛び込む水の音　　松尾芭蕉《まつおばしょう》

　ただの古い池ではありません。「古」は「故」に通じ、かつては人が住んでいたが、今は誰も住んでいない家の池のことです。そんな場所で、蛙が飛び込んだ音に耳を傾けている人物は、相当閑《ひま》な人ですね。

　単にすることがないというのではありません。心に悩み事や迷う事もない、落ち着いた心でないと、こんな状況は迎えられません。その心の静けさの中に聞こえてきたのが、蛙の水に飛び込む音だったのです。その音は、作者の雑念のない心によってすくい取られた音だったわけです。また、「古池」は一種の「死」の世界でもあるわけですが、そんなところにも生き物の命の躍動を聞き取ったとも言えるでしょう。

　和歌、連歌《れんが》では蛙は鳴き声を鑑賞するものでした。しかし、芭蕉の心は、この「蛙」に①新しい連想を見出《いだ》したという意味でも、実は画期的であったわけです。

　俳句を詠《よ》むようになると、時間の流れが違って感じられます。何分刻みの時間に追われる世界とは別のものです。

　今日のように、電車や自動車や飛行機を使って、正確に人・モノを移動させる時代、学校や職場での時間は、数字に刻まれたそれです。しかし、休憩時間や日曜日、それに夏休みには、時計を忘れた「時間」が流れます。②俳句の「時間」とは、まさにそういうものです。


（井上泰至《いのうえやすし》「俳句のルール」）

---

□(1) この俳句の季語を書きなさい。また、この俳句の季節として最も適切なものを「春・夏・秋・冬」から選び、答えなさい。（5点×2）

季語（　　　）　季節（　　　）

□(2) ――線部①「新しい連想を見出した」とあるが、「新しい連想」について解説文で説明されていることとして最も適切なものを、次の**ア**～**エ**から選び、記号で答えなさい。（10点）（　　　）

**ア** 古池のそばで蛙の鳴く声を手がかりにして、蛙が跳ねる気配を察したこと。
**イ** 古池のそばで蛙の鳴く声を手がかりにして、人生のはかなさを悟ったこと。
**ウ** 蛙が古池に飛び込む音を手がかりにして、その命の躍動を感じ取ったこと。
**エ** 蛙が古池に飛び込む音を手がかりにして、寂れた池の存在に気付いたこと。

□(3) ――線部②「俳句の『時間』」とあるが、これがどういうものかを説明したあとの文の a ・ b に入る言葉を、 a は七字、 b は五字で、それぞれ鑑賞文から抜き出して書きなさい。（10点×2）

　正確さが求められる、学校や職場で流れるような a 時間とは違い、芭蕉が b を保っていたような、思いのままに過ごす時間。

a

b

## 試験における実戦的な攻略ポイント５つ

**① 問題文をよく読もう！**

問題文をよく読み，意味の取り違えや読み間違いがないように注意しよう。
選択肢問題や計算問題，記述式問題など，解答の仕方もあわせて確認しよう。

**② 解ける問題を確実に得点に結びつけよう！**

解ける問題は必ずある。試験が始まったらまず問題全体に目を通し，自分の解けそうな問題から手をつけるようにしよう。

くれぐれも簡単な問題をやり残ししないように。

**③ 答えは丁寧な字ではっきり書こう！**

答えは，誰が読んでもわかる字で，はっきりと丁寧に書こう。
せっかく解けた問題が誤りと判定されることのないように注意しよう。

**④ 時間配分に注意しよう！**

手が止まってしまった場合，あらかじめどのくらい時間をかけるべきかを決めておこう。解けない問題にこだわりすぎて時間が足りなくなってしまわないように。

**⑤ 答案は必ず見直そう！**

できたと思った問題でも，誤字脱字，計算間違いなどをしているかもしれない。ケアレスミスで失点しないためにも，必ず見直しをしよう。

## 受験日の前日と当日の心がまえ

**前日**

- 前日まで根を詰めて勉強することは避け，暗記したものを確認する程度にとどめておこう。
- 夕食の前には，試験に必要なものをカバンに入れ，準備を終わらせておこう。
  また，試験会場への行き方なども，前日のうちに確認しておこう。
- 夜は早めに寝るようにし，十分な睡眠をとるようにしよう。もし翌日の試験のことで緊張して眠れなくても，遅くまでスマートフォンなどを見ず，目を閉じて心身を休めることに努めよう。

**当日**

- 朝食はいつも通りにとり，食べ過ぎないように注意しよう。
- 再度持ち物を確認し，時間にゆとりをもって試験会場へ向かおう。
- 試験会場に着いたら早めに教室に行き，自分の席を確認しよう。また，トイレの場所も確認しておこう。
- 試験開始が近づき緊張してきたときなどは，目を閉じ，ゆっくり深呼吸しよう。

高校入試対策

# 国語長文のキーワード 最重点 暗記カード

## ① 典　型

チェック欄

上の言葉の意味として最も適切なものを、あとから選びなさい。

ア 不要な部分を取り除き無駄なく完成したもの。
イ ある種の特徴をもっともよく表しているもの。
ウ 複数の事柄を規定に沿って分類したもの。

## ② 抽　象

上の言葉の意味として最も適切なものを、あとから選びなさい。

ア 物事はこうあるべきだという考えのこと。
イ もとに戻したり、分解したりすること。
ウ 物事から共通する性質を抜き出すこと。

## ③ イデオロギー

上の言葉の意味として最も適切なものを、あとから選びなさい。

ア 科学技術を実用化するときの方法論。
イ 政治や社会に対する考え・思想の傾向。
ウ 自然と人間との共生を目指す学問。

## ④ 絶　対

上の言葉の意味として最も適切なものを、あとから選びなさい。

ア 限られたものにしかあてはまらないこと。
イ 他と比較・関連せずに存在すること。
ウ 意志とは関係なく必ずそうなること。

## ⑤ ジェンダー

上の言葉の意味として最も適切なものを、あとから選びなさい。

ア 生物学的な性別。
イ 社会における性的少数者の総称。
ウ 社会的・文化的に形成される性別。

## ⑥ 相　対

上の言葉の意味として最も適切なものを、あとから選びなさい。

ア 多くにあてはまる事柄。
イ 対立するものが、勝とうとして争うこと。
ウ 他との比較・関連によって存在すること。

## ⑦ 認　識

上の言葉の意味として最も適切なものを、あとから選びなさい。

ア 知覚できない事象を具体的に言い表すこと。
イ 物事をとらえ、その本質を理解すること。
ウ 物事の枠組みをおおまかにとらえること。

## ⑧ 演《えん》　繹《えき》

上の言葉の意味として最も適切なものを、あとから選びなさい。

ア 説明のために仮に立てるもの。
イ 一般的な前提から個別の結論を導き出すこと。
ウ すべてが入り交じりはっきりしないこと。

## ⑨ アイデンティティ

上の言葉の意味として最も適切なものを、あとから選びなさい。

ア 自分は自分であるという確信のこと。
イ 相手の人格を決めつけること。
ウ 常に疑問を持ち続ける思想のこと。

## ⑩ 帰　納

上の言葉の意味として最も適切なものを、あとから選びなさい。

ア 限定的な範囲でのみあてはまること。
イ 一定の意味内容を表すもの。
ウ 具体的事実から一般的法則を導き出すこと。

## ⑪ 修　辞

上の言葉の意味として最も適切なものを、あとから選びなさい。

ア 一定の固定的な型にはまっている見方や考え。
イ 相反する事柄が成り立っていること。
ウ 効果的な表現をするための言葉の技術や技巧。

（切り取り線）

## 暗記カードの使い方

★ 覚えておきたい現代文のキーワードをまとめました。おもて面からうら面へと学習を進め、意味や使用例などを踏まえて確実に理解しよう。

★ ┈┈線にそって切り離し、パンチでとじ穴をあけてリングに通しておこう。

★ 覚えたら、□にチェックしよう。

（切り取り線）

**① イ** □

用例

核家族は日本の家族形態の**典型**である。

〈プラスα〉

「**ステレオタイプ**」は、ものの見方や考え方が一定の固定的な型にはまっていること。

**② ウ** □

用例

統計の結果を**抽象**化する。

〈プラスα〉

対義語は「具体」。

**③ イ** □

用例

資本主義と社会主義の**イデオロギー**の対立。

〈プラスα〉

偏った思想ととらえられることがあり、否定的な意味合いで用いられることもある。

**④ イ** □

用例

学校の生徒の成績は**絶対**評価で決められる。

〈プラスα〉

「他を認めない」という意味合いで、「絶対視する」のように使う場合もある。対義語は「相対」。

**⑤ ウ** □

用例

**ジェンダー**による差別をなくす。

〈プラスα〉

「性の多様性」や「LGBT（社会における性的少数者）」などとセットで取り上げられることが多い。

**⑥ ウ** □

用例

他の人の意見を聞いて、**相対**的に判断する必要がある。

〈プラスα〉

偏差値は相対評価である。対義語は「絶対」。

**⑦ イ** □

用例

環境問題への**認識**を新たにする。

〈プラスα〉

「**認知**」は「ある物事をはっきり認めること」。

**⑧ イ** □

用例

数学の問題を公式から**演繹**する。

〈プラスα〉

対義語は「帰納」。

**⑨ ア** □

用例

一冊の本に**アイデンティティ**をゆさぶられた。

〈プラスα〉

「ID カード」などで用いられる「ID」は、「アイデンティティ」のこと。「**自己同一性**」ともいう。

**⑩ ウ** □

用例

**帰納**法から出された法則は仮説である。

〈プラスα〉

対義語は「演繹」。

**⑪ ウ** □

用例

**修辞**を用いたスピーチは強い印象を残した。

〈プラスα〉

修辞の技法には、倒置・対句・反復・反語・比喩などがある。「**レトリック**」ともいう。

⑫ ウ

用例

**モラル**に反する行動は慎むべきだ。

〈プラスα〉

「**道徳**」や「**倫理**」ともいう。社会が異なれば、モラルの定義も異なる。

⑬ イ

用例

彼の映画の感想は、**アイロニー**に満ちていた。

〈プラスα〉

実際に言ったり文章に書いたりした表面上の意味とは、逆の意味が込められている表現。

⑭ ア

用例

**弁証法**を用いて解決する。

〈プラスα〉

対立するもの同士を発展的に統一して生かすことを「アウフヘーベン(止揚)」という。

⑮ イ

用例

緊急時こそ、**理性**を保って行動できるように努めよう。

〈プラスα〉

対義語は「感情」。

⑯ ウ

用例

その思想は、**オプティミズム**を前提とした考え方である。

〈プラスα〉

対義語は「ペシミズム(厭世《えんせい》主義)」。

⑰ イ

用例

ケーキを食べるか我慢するかで**葛藤**する。

〈プラスα〉

語源は、葛《かずら》も藤も、つるが複雑に絡《から》まり合うことから。

⑱ イ

用例

作者の**ペシミズム**が色濃く反映された作品だ。

〈プラスα〉

対義語は「オプティミズム(楽天主義)」。

⑲ ア

用例

ある野球選手は、引退の意向を**示唆**した。

〈プラスα〉

「唆」は「そそのかす」という意味をもつ。

⑳ イ

用例

感情や魂は形がなく、**形而上**のものである。

〈プラスα〉

対義語は「形而下」で、「形のあるもの・物質的なもの」という意味。

㉑ ア

用例

この物語は**フィクション**だ。

〈プラスα〉

「**虚構**」ともいう。「ノンフィクション」は、事実に基づいて書かれた作品などのこと。

㉒ ウ

用例

「急がば回れ」は**逆説**である。

〈プラスα〉

「パラドックス」ともいう。

㉓ ウ

用例

**心象**風景を水彩画で描く。

〈プラスα〉

言葉では表しづらい「心象」を、具体的なものなどで言い表すことを「**象徴**」という。

(切り取り線)

## ⑫ モラル

上の言葉の意味として最も適切なものを、あとから選びなさい。

ア 宗教上や社会の規則から禁止されている慣習。
イ 社会人としての義務などを果たさない青年期。
ウ 世の中でそうあるべきとみなされるふるまい。

## ⑬ アイロニー

上の言葉の意味として最も適切なものを、あとから選びなさい。

ア 虚無。怠惰。
イ 皮肉。反語。
ウ 冷笑。雑言。

## ⑭ 弁証法

上の言葉の意味として最も適切なものを、あとから選びなさい。

ア 矛盾する考えを統一し、発展させる思考方法。
イ 矛盾する事柄を同等に扱う思考方法。
ウ 一つの考えを細分化し、探究する思考方法。

## ⑮ 理性

上の言葉の意味として最も適切なものを、あとから選びなさい。

ア 物事を感情的にとらえる頭の働き。
イ 物事を論理的に考える頭の働き。
ウ 物事を総括的にとらえる頭の働き。

## ⑯ オプティミズム(楽天主義)

上の言葉の意味として最も適切なものを、あとから選びなさい。

ア 物事を適当にとらえる立場。
イ この世は一切無意味であるとする立場。
ウ 世界及び人生を肯定的に考える立場。

## ⑰ 葛藤

上の言葉の意味として最も適切なものを、あとから選びなさい。

ア がんばるように励まして、元気づけること。
イ 相反する感情の間で迷うこと。
ウ 対立するものが、互いに勝とうと争うこと。

## ⑱ ペシミズム(厭世《えんせい》主義)

上の言葉の意味として最も適切なものを、あとから選びなさい。

ア 自分の利益だけを求める立場。
イ 世界及び人生を否定的に考える立場。
ウ 文化を守るために他を排除しようとする立場。

## ⑲ 示唆

上の言葉の意味として最も適切なものを、あとから選びなさい。

ア ほのめかすこと。
イ そそのかすこと。
ウ 行き詰まること。

## ⑳ 形《けい》而《じ》上

上の言葉の意味として最も適切なものを、あとから選びなさい。

ア 内容よりも外見や体裁を重んじること。
イ 形のないもの。精神的なもの。
ウ 宗教上の規則やきまり。

## ㉑ フィクション

上の言葉の意味として最も適切なものを、あとから選びなさい。

ア 想像によってつくり出された架空の話。
イ 事実をありのままに伝える報道媒体。
ウ 社会の変化によりくつがえった常識。

## ㉒ 逆説

上の言葉の意味として最も適切なものを、あとから選びなさい。

ア 真理のようで、よく考えると真理に反する説。
イ 二つの相反する事柄がどちらも真理でない説。
ウ 真理と反対なようで、実は真理である説。

## ㉓ 心象

上の言葉の意味として最も適切なものを、あとから選びなさい。

ア 心の中の思い。
イ 人の言動から受ける印象。
ウ 心に浮かんだ姿や像。

(切り取り線)

## ㉔ 命　題

上の言葉の意味として最も適切なものを、あとから選びなさい。

ア 心の緊張を緩和させられるもの。
イ 真偽の判断を言語で表したもの。
ウ ある事実から他の事実を見つけられるもの。

## ㉕ 概　念

上の言葉の意味として最も適切なものを、あとから選びなさい。

ア 物事に対する、枠組みとしてのとらえ方。
イ おおまかな計算の仕方や数え方。
ウ 形のないものを具体的に表す方法。

## ㉖ 主　観

上の言葉の意味として最も適切なものを、あとから選びなさい。

ア 物事のいちばん大切なところに力を注ぐこと。
イ 細部にとらわれず、大きな視点で見ること。
ウ 物事を自分の立場から観察・検討すること。

## ㉗ 客　観

上の言葉の意味として最も適切なものを、あとから選びなさい。

ア 指導者の考えに従い、従順であること。
イ 第三者の立場から考え、一般性があること。
ウ 明るい見通しをもつこと。心配しないこと。

## ㉘ 普　遍

上の言葉の意味として最も適切なものを、あとから選びなさい。

ア 例外なくすべてのものにあてはまること。
イ ごく当たり前でいつもと同じであること。
ウ 様子が変わらずにそのままであること。

## ㉙ 淘《とう》　汰《た》

上の言葉の意味として最も適切なものを、あとから選びなさい。

ア それまでの方法をそのまま引き継ぐこと。
イ ばらばらなものをまとめて管理すること。
ウ 環境に適するものだけが残ること。

## ㉚ 倫　理

上の言葉の意味として最も適切なものを、あとから選びなさい。

ア 社会のために国が定めたきまり。
イ 正しく議論を進めていく道筋。
ウ 人として守るべき道理。

## ㉛ タブー(禁忌)

上の言葉の意味として最も適切なものを、あとから選びなさい。

ア 本物に似せてそっくりに作られたもの。
イ 宗教的・社会的に、禁止されている事柄。
ウ 急いでしなくてはならない重大なこと。

## ㉜ パラダイム

上の言葉の意味として最も適切なものを、あとから選びなさい。

ア ある時代の中での支配的な思考の枠組み。
イ 文章の段落。ひと区切り。
ウ ある物事に異常にこだわる様子。

## ㉝ エゴイズム

上の言葉の意味として最も適切なものを、あとから選びなさい。

ア 完璧主義。欠点がない状態を求めること。
イ 利他主義。他人の利益を優先すること。
ウ 利己主義。自分の利益だけを考えること。

## ㉞ メディア

上の言葉の意味として最も適切なものを、あとから選びなさい。

ア 規模が大きいもの。
イ 媒体。仲立ちとなるもの。
ウ 利点。そうするだけの価値があるもの。

## ㉟ マス・コミュニケーション

上の言葉の意味として最も適切なものを、あとから選びなさい。

ア 生命維持のために必要な情報を伝達すること。
イ 特定の対象に求められる情報を伝達すること。
ウ 不特定多数の人に大量の情報を伝達すること。

(切り取り線)

**㉕ ア** ☐

用 例

三角形の**概念**を理解する。

〈プラスα〉

たとえば、さまざまな三角形において、それらに共通する性質が、三角形の概念となる。

---

**㉔ イ** ☐

用 例

ある**命題**を追求する。

〈プラスα〉

論理学の用語で、真偽を判定できるかどうかがその条件となる。

---

**㉗ イ** ☐

用 例

**客観**的な意見を求める。

〈プラスα〉

ケーキを見て「おいしそう」と思うのは「主観的」。ケーキの大きさや材料は「客観的」な事実。

---

**㉖ ウ** ☐

用 例

できるだけ**主観**を入れずに物事を見る。

〈プラスα〉

対義語は「客観」。

---

**㉙ ウ** ☐

用 例

自然**淘汰**によって地球上から姿を消した生物。

〈プラスα〉

科学的な物事についてだけでなく、企業などの社会的な存在についても用いられる。

---

**㉘ ア** ☐

用 例

万有引力の法則は**普遍**的なものだ。

〈プラスα〉

「不変」は物や事象が変わらないこと。「普遍」は本質が変わらず、すべてにあてはまること。

---

**㉛ イ** ☐

用 例

人のクローンを作ることは、**タブー**とされている。

〈プラスα〉

言ってはいけない言葉のことを「**禁句**」という。

---

**㉚ ウ** ☐

用 例

**倫理**に反する行為はしない。

〈プラスα〉

「生命倫理」「環境倫理」など、さまざまな学問の領域で取り入れられている。

---

**㉝ ウ** ☐

用 例

権力者の**エゴイズム**があらわになる。

〈プラスα〉

「エゴイスト」は自分のことしか考えない人のこと。

---

**㉜ ア** ☐

用 例

社会は新しい**パラダイム**を求めている。

〈プラスα〉

思考の枠組みや価値観などが変化することを「パラダイムシフト」という。

---

**㉟ ウ** ☐

用 例

**マス・コミュニケーション**の役割を問い直す。

〈プラスα〉

「マス」は「大衆・大量」の意味。「マスコミ」は「マス・コミュニケーション」の略。

---

**㉞ イ** ☐

用 例

さまざまな**メディア**から情報を収集する。

〈プラスα〉

メディアの情報を主体的・批判的にとらえることを「メディア・リテラシー」という。

（切り取り線）

㊱ イ □

用例

**混沌**とした世界情勢。

〈プラスα〉

対義語は「秩序」。

㊲ イ □

用例

ネット**リテラシー**が欠けている人が多い。

〈プラスα〉

本来の意味は「読み書きの能力」だが、その能力を応用することまで意味として含める。

㊳ ウ □

用例

今見ている景色を**対象**化する。

〈プラスα〉

評論文で用いられる際は、「主観を除いて」という意味が含まれることが多い。

㊴ ウ □

用例

固定**観念**を打ち破る。

〈プラスα〉

「固定観念」とは、容易に変えられない強い思い込みのこと。

㊵ イ □

用例

**比喩**的に表現すると、彼は氷のような男だ。

〈プラスα〉

「比喩」には「**直喩**(シミリ)」や「**暗喩**(メタファー)」などがある。

㊶ ウ □

用例

**有機的**な構造をもつ物質。

〈プラスα〉

対義語は「無機的」。

㊷ ウ □

用例

学生生活という**モラトリアム**を謳歌《おうか》する。

〈プラスα〉

特に、若者たちが社会に出るまでの精神的な準備期間のことを指す。

㊸ イ □

用例

自分の理想と現実が**相克**する。

〈プラスα〉

類義語は「せめぎ合う」。「相」は「互いに」、「克」は「打ち勝つ」という意味。

㊹ イ □

用例

社会を**マクロ**な視点でとらえる。

〈プラスα〉

「巨視的」とは、物事全体を大きくつかむこと。対義語は「ミクロ」。

㊺ ア □

用例

友人の**二律背反**する意見に悩まされる。

〈プラスα〉

二律背反の状況の中で板ばさみになることを「ジレンマ」という。類義語は「矛盾」。

㊻ ウ □

用例

**アナロジー**を用いて共通点を説明する。

〈プラスα〉

日本語で表現すると、「**類推**」や「**類比**」となる。

㊼ ウ □

用例

場違いな発言に対して**シニカル**な笑いが起きた。

〈プラスα〉

「シニカル」は、「アイロニー(皮肉)」より相手を見下す意味合いが強くなる。

（切り取り線）

### ㊱ 混沌《こんとん》(カオス)

上の言葉の意味として最も適切なものを、あとから選びなさい。

ア 物事の価値が下がっている状態。
イ 物事の区別がついていない状態。
ウ 物事の秩序が整っている状態。

### ㊲ リテラシー

上の言葉の意味として最も適切なものを、あとから選びなさい。

ア 言葉で巧みな表現を行う技法。
イ ある分野に対する知識や能力。
ウ ある意味をもつ記号。

### ㊳ 対 象

上の言葉の意味として最も適切なものを、あとから選びなさい。

ア 事物の差異がきわだっているもの。
イ 自分の意思や判断を決定づけるもの。
ウ 認識や意思などの作用が向かうもの。

### ㊴ 観 念

上の言葉の意味として最も適切なものを、あとから選びなさい。

ア 胸の中に抱いている強い願い。
イ 強く心を動かされる様子。
ウ 頭の中で各人が持っている考え。

### ㊵ 比 喩

上の言葉の意味として最も適切なものを、あとから選びなさい。

ア 物事を何度も繰り返して表現すること。
イ ある物事を別のものに見立てて表現すること。
ウ 事柄や心情を直接的に表現すること。

### ㊶ 有 機 的

上の言葉の意味として最も適切なものを、あとから選びなさい。

ア 自分以外のものを退ける傾向があるさま。
イ 感情的なものが感じられないさま。
ウ 多くの部分が密接に結びつき形作られるさま。

（切り取り線）

### ㊷ モラトリアム

上の言葉の意味として最も適切なものを、あとから選びなさい。

ア 境界がないこと。
イ 民族集団への帰属意識。
ウ 物事や債務の支払いの猶予。

### ㊸ 相 克

上の言葉の意味として最も適切なものを、あとから選びなさい。

ア 困難に打ち勝って乗り越えること。
イ 対立するもの同士が争うこと。
ウ 帳消しにすること。

### ㊹ マ ク ロ

上の言葉の意味として最も適切なものを、あとから選びなさい。

ア 局所的であること。
イ 巨視的であること。
ウ 非常に小さなこと。

### ㊺ 二律背反(アンチノミー)

上の言葉の意味として最も適切なものを、あとから選びなさい。

ア 矛盾する二つの主張が同時に行われること。
イ 同じ事柄に対して二つの感情を抱くこと。
ウ 対立する二つのものが互いに争い合うこと。

### ㊻ アナロジー

上の言葉の意味として最も適切なものを、あとから選びなさい。

ア 一定の基準で集められた作品群のこと。
イ 事物の生産に用いられる科学技術のこと。
ウ 似ているものから、他のものを推測すること。

### ㊼ シ ニ カ ル

上の言葉の意味として最も適切なものを、あとから選びなさい。

ア 自己を律しているさま。
イ 繊細かつ純粋なさま。
ウ 皮肉な態度をとるさま。

高校入試 15時間完成

# 解答・解説

国語長文【標準】

## 1時間目 〈説明文〉文脈をとらえる（指示語・接続語）

解答（4～5ページ）

**1**

(1) **ウ**

(2) **A エ　B ア**

(3) **a 踏まれやすい過酷な**

**b ほかの雑草が繁ることはない**

(4) **花を高々と**

(5) **ウ**

### 解説

**1**

(1)脱落文の内容から、脱落文があてはまる直前には何かの「心配」に関することが述べられていると判断できる。**ウ**の直前には、雑草が太陽の光を求める様子が述べられていて、これがその「心配」にあたる。直後にはコニシキソウが太陽の光を求めることを心配する必要がないことが述べられている。

(2)**A**は、直前で「地べたの生活は一見惨めにも見えるが、実際はどうなのだろう」とあり、直後で「太陽の光を十分に受けることができるのだろうか」と、疑問点の具体例が挙げられていることから、「たとえば」があてはまる。**B**は、直前で述べている内容と直後で述べられている内容が逆であることから、**逆接の接続語「しかし」**があてはまる。得点アップQ&Aを参照。

(3)**a**は、コニシキソウがどんな場所に生えているのかを読みとる。本文前半に「踏まれやすい過酷な場所に生えている」とある。**b**は、コニシキソウが生えている場所の様子が書かれている部分を探すと、――線部①の少し前に「コニシキソウが生えているところは……ほかの雑草が繁ることはない」とある。

(4)**指示語の指す内容を探すときは、まずはそれより前の部分に着目すること。**得点アップQ&Aを参照。

(5)最後の二段落に、「偏差値やGNPなど……コニシキソウにとって重要なのはあくまでも草丈なのである」「世間体や常識にとらわれず自分流の生長をすればそれでいいのだ」とあることなどから、**ウ**の内容に合う。

### 得点アップQ&A

Q **指示語が指している内容を理解するためには、どのような点に注意すればよいですか？**

A 指示語の内容は、その前後に書かれていることが多いです。指示語には次の二つの働きがありますので、覚えておきましょう。

①一度述べたことのかわりに用いる。→前の部分から探す。

②読者の関心を引きつけるために予告で用いる。→あとの部分から探す。

Q **接続語を選ぶ問題を解くときに、どれもあてはまりそうに思います。正しい接続語を見分ける方法はありますか？**

A 接続語の前後の関係をとらえることが大切です。接続語には、次のようなものがあります。前後の関係を考えて正しいものを選べるようにしましょう。

①前に原因や理由が述べられ、あとにその結果を続ける。　例 だから・それで

②前の事柄とは反対の事柄を続ける。例 だが・けれども

③前の事柄にあとの事柄を付け加えたり並べたりする。例 また・しかも

④前の事柄とあとの事柄を比べたり、選んだりする。例 または・それとも

⑤前の内容とは話題が変わることを示す。例 では・ところで

⑥前の事柄について説明・補足・例を示す。例 なぜなら・もっとも・たとえば

## 2時間目 〈説明文〉段落ごとの要点をとらえる

解答（6～7ページ）

**1**

(1) **植物生産力**

(2) 例 **温暖化に貢献してしまうこと。**

ひっぱると、はずして使えます。

(3) a 昆虫　b 魚
(4) 例 固定観念にとらわれない多様なものの見方。
(5) 7
(6) イ

## 解説

**1**

(1) 2段落の「刈っても刈っても雑草が生えてきて困るということは、……高い植物生産力があり、それを支える地力があるということ」に着目する。

(2) 6段落の、「また」で始まる一文目の内容に着目し、雑草を燃やすことによって「温暖化に貢献してしまう」という短所が生じることを読みとる。

(3) 「バッタは雑草を食べる」→「水面に落下した昆虫は、例えばイワナなどの魚の重要な餌になっている」→「そのイワナは釣り上げられ、食卓にのる」という流れになっている。得点アップQ&A を参照。

(4) 筆者は7段落にあるやりとりから、日本人にとってはただの「雑草」であっても、「ドイツ人の彼」にとっては「美しい植物」であると気づいたのである。さらに、10段落で「偏見の目」を「固定観念」と表現し、「日本人にはそのような固定観念があり、それが考え方の多様性を失わせているように」感じたことが述べられている。

(5) 7段落の冒頭が**「ところで」**という**話題転換の接続語**になっていることをおさえる。

(6) 1〜6段落と7・8段落では、どちらも**雑草についての体験をふまえて、筆者が考えたこと**が述べられている。よって、**イ**の「雑草に関する体験と考察」が正しい。

### 得点アップQ&A

Q **段落の要点をとらえるコツはありますか?**

A 段落の要点をとらえるには、次の5つのポイントをおさえましょう。

①何度も繰り返し出てくる言葉(**中心語句**)を見つける。↓話題をとらえる。
②事実と意見に分ける。↓筆者の意見や主張が述べられた部分をおさえる。
例 ・我が家の庭には……家庭菜園もある。(事実)
・石油の代替燃料として使った方がいいだろう。(意見)
③**接続語**・**指示語**を手がかりにする。↓「つまり」「要するに」「このように」などのあとには、まとめの文が続いていることが多く、「だが」などの逆接のあとには、筆者の主張が書かれていることが多い。
④**文末表現**に着目する。↓「……べきだ。」「……にちがいない。」など、筆者の意見が強く述べられた文を探す。
⑤結論を述べた段落を探す。↓筆者の主張は、**書き出しか最後**にあることが多い。

# 3時間目 〈論説文〉具体例と主張をつかむ

## 解答(8〜9ページ)

**1**

(1) **ウ**
(2) **ア**
(3) 例 **人間は言語によって利用される〝運び手〟に過ぎない**(24字)
(4) 例 **言語の、それを話す人々の生活や文化や伝統を、未来へと引き継ぐ役割。**(33字)
(5) **イ**

## 解説

**1**

(1) ——線部①を含む文に「たとえば」とあることから、直前にある、「言語は、それを用いる個人のアイデンティティに大きな影響を及ぼ」すことの具体例を述べているとわかる。さらに、——線部①のあとの「幼い頃からイギリスで育ち、彼のパーソナリティの大部分は英語文化圏で形成されていきました」「彼は生まれた国ではなく、育った国(第一言語を得た国)を自らの母国とした」という説明を踏まえて考えると、「カズオ・イシグロ」は、〝個人のアイデンティティは、生まれた国よりも、パーソナリティの形成に関わった言語に影響を受ける〟ということを示すための具体例であるとわかる。

得点アップQ&A を参照。

(2) 「目が開かれる」とは、「知識を得たり自覚したりして、新しい境地を知る」という意味。ドーキンスの著書を読んで「驚き」、「確かにそうかもしれない」と、新たな気づきを得たという文脈である。同様の意味を表すのは、「何かがきっかけとなって、物事がよくわかるようになる」という意味の**ア**「目から鱗が落ちる」という慣用表現である。**イ**の「生き馬の目を抜く」は、「すばしこく、抜け目なく利益を得る」という意味。**ウ**の「目の色を変える」は、「必死になったり夢中になったりして表情が変わる」という意味。**エ**の「目を皿にする」は、「驚いたり物を探したり見分けたりしようとして、目を大きく見開く」という意味。

(3)――線部③の「同じこと」とは、その前で述べられているドーキンスの『生物は遺伝子によって利用される〝乗り物〟に過ぎない』とする遺伝子中心視点」と同じだということ。「言語」についてはどうなのかというと、――線部③のあとで、「私たち」は、『『日本語を生かすため』にこの世に生きているだけなのかもしれ」ないという「人間＝言語の運び手論」を述べている。この内容を、□の前の生物についての説明と対応する形でまとめるとよい。

(4)――線部④を含む一文に「言語も親から子、子から孫へと脈々と受け継がれてきた情報のバトンなのです」とあることから、「言語」について述べているとわかる。「言語」の役割については、――線部④のあとに、「言語を失えば、それを話す人々の生活や文化、そして伝統が消滅してしまうと言っても過言ではありません」と述べられている。

(5)本文では、アイヌ語を具体例として挙げて、「言語の場合、それを使う人がいなくなれば、それがどのように話されていたかはわからなくなってしまいます」と述べ、最後の段落で「言語を失えば、それを話す人々の生活や文化、そして伝統が消滅してしまうと言っても過言ではありません」と、言語の存続の危機を取り上げている。さらに、「その伝統を、この先も未来へと引き継いでいくことができるか。その運命は現代を生きる私たち日本人にかかっています」と、**日本語の担い手としての自覚を持つよう促している**といえる。よって、**イ**が適切。**ア**は、「アイデンティティに関する分析を、擬人法を用いて」説明している箇所はないので間違いである。**ウ**は、引用しているのは「言語について述べた文章」ではないので間違いである。**エ**は、「日本人とイギリス人とを比較」してはいないので間違いである。

**得点アップQ&A**

**Q** **具体例が書かれている部分を見つけるコツはありますか？**

**A** 具体例が書かれている部分を探すときは、「たとえば」などの例示の表現や文脈に注目して、説明の内容を読みとることが大切です。

・「たとえば」「具体的には」などの**例示の表現**に注目する。

・「つまり」「このように」などの表現の前で具体例を挙げ、そのあとでまとめや主張を述べる文脈になっていることがある。

**Q** **具体例と主張の関係をとらえるには、どうすればよいですか？**

**A** 具体的な説明が、筆者の主張にどのようにつながっているかを考えながら読みましょう。

例 **具体例** 日本の伝統的な草木染《くさきぞ》めの手法は、天然染料を用いることで排水による環境汚染を避けることができる。

↓ **具体例を通して主張を述べる**

**主張** 日本の伝統を守ることが環境を守ることにつながる。

# 4時間目 〈論説文〉論の展開をとらえる

解答（10～11ページ）

**1** (1) **エ** (2) **ウ** (3) **何物でもない純粋な物体** (4) **ア** (5) **イ**

## 解説

**1**

(1)2段落の冒頭に、「しかし」という逆接の接続語があることに着目する。得点アップQ&Aを参照。

(2)1・2段落にある、向うから人がやってくるときの例から、物理的な距離は変わらないはずなのに、自分の気持ちによって、相手との距離の感じとり方が変わってしまう場合があることがわかる。3段落に「このように……起こっているのがわかる」とあることにも注目する。

(3)『物体一般』としてある」とは、7段落にある、「私どものまわりにあるさまざまなものが、ペンであり、茶碗であり、腰掛けであることをはずされて、どれにも通有な普遍的物体に通分されてみえるということ」と同じ内容であることをおさえる。私たち人間は、何気なく物を見ているつもりであっても、先入観を持って見ているのである。この「普遍的物体」を、すぐあとで「何物でもない純粋な物体」と言い換えている。

(4)5段落の初めにある「このように」は、4段落「空腹のときには……」以降の内容を指している。食物屋の陳列棚にならんだ見本が、見る人の状況の違いによって「大変うまそうにみえる」か「陳列棚に見本がならんでいたことに気づかな」いということである。また、5段落での「往来のへり」におかれている自動車に対する反応は、「往来に面した店の主人」と「通りかかった車好きの青年」では、まったく違うと述べられている。6段落に挙げられている自動車の例も同様に、「用具としてみる人」と「デザイナー」、〝自動車を可愛がっている持主〟、〝正面から走ってくる車をみる幼児〟のように、**自動車への関わり方の違いによって、それぞれが受ける印象が大きく異なる**ということを示している。

(5) 6段落に、「私どものありのままの眼に映った世界は、このように自分を中心として配列されているのだといえる」とある。このことから、「自分を中心とし」たものの見方(＝主観)について述べている**イ**が適切である。

### 得点アップQ&A

**Q 文章構成をとらえるコツはありますか?**

A 文章構成をとらえるには、それぞれの段落の内容を読みとり、段落相互の関係をおさえることが大切です。

**・文章構成の三つの型**

①**二段式構成**→ ・本論(説明)―結論(まとめ)
　　　　　　　・結論(まとめ)―本論(説明)

②**三段式構成**→序論(問題提起)―本論(説明)―結論(まとめ)

③**四段式構成**→起(問題提起)―承(説明)―転(別の話題)―結(まとめ)

・結論の位置をもとに文章の構成の型に分けると、次のようになる。

①**尾括型**→結論が最後にある型。

②**頭括型**→結論を最初に示し、あとから根拠の提示や説明をする型。

③**双括型**→結論が最初と最後の両方にある型。

**Q 事実と意見とを区別するには、どうすればよいですか?**

A 文末表現や接続語に着目しましょう。

①**文末表現**→文末が「……と思う。」「……と考える。」「……してほしい。」「……すべきだ。」などは意見を表し、「……だ。」「……である。」は、事実を表していることが多い。

②**接続語**→「だが」「だから」「つまり」などのあとに、重要な考えや、結果、まとめが述べられていることが多い。

---

## 5時間目 〈論説文〉要旨をつかむ

### 解答(12～13ページ)

**1**

(1) 例(「うまくいく方法」の講義を)**眠そうな顔でつまらなそうに聞いていた学生たちまでが、失敗の話を始めた途端に、目を生き生きとさせ、熱心に話に聞き入った**(ことの原因。)(58字)

(2) **ウ**

(3) **何も新しいことにチャレンジしない**(ような人。)

(4) **ア**　(5) **エ**　(6) **イ**

### 解説

**1**

(1)指示語が指している内容は、それより前の部分にあることが多い。この場合も、直前の「眠そうな顔で……熱心に話に聞き入るということ」を、指定字数内でまとめればよい。

(2)**A**は、筆者が「失敗学」として「まとめた」と述べていることに着目する。学問としてまとめるということは、体系づけるということである。**B**は、「人類の進歩、社会の発展に大きく寄与」した事実の例としての「発明」であることに着目する。**C**は、本文で挙げられた「仕事」「家事」「趣味」が、私たちが普段行っていることの例であることに着目する。

(4) 3段落と4段落は、どちらも「失敗」につきまとう「負のイメージ」について述べられているが、5段落は「しかし反対にプラス面を見てみると」と、**別の視点を提示**している。

(6)**ア**は、「新しいことにはチャレンジしない方がよい」とは述べられていないので間違いである。**ウ**は、「できれば失敗しない方がよい」「失敗を減らす必要がある」とは述べられていないので間違いである。**エ**は、6段落に「失敗についてきちんと知り、過去の失敗を生かせるようにならなければ、失敗を『成功の母』や『成功のもと』にすることはできません」とあり、「あまり考えずに何度でも」とは合わないので間違いである。

得点アップQ&A を参照。

### 得点アップQ&A

**Q 文章の要旨とは何ですか?**

A 「要旨」というのは、その文章の中で、筆者が読者に最も伝えたい内容のことです。次のようにして、要旨をとらえましょう。

**・要旨のとらえ方**

①話題をつかむ。↓初めの段落を中心に話題を提示している部分を探す。

②段落ごとの要点をつかむ。↓筆者の意見や主張を述べた部分（**中心部分**）を探す。

③**中心段落**（結論）を見つける。↓文章の初めと終わりの段落を中心に、筆者が最も述べたい主張や意見が書かれた段落を探す。

④要旨をとらえる。↓中心段落で筆者が最も述べたいところ（**中心部分**）を探してまとめる。

## 6時間目 〈論説文〉文章を要約する

解答（14〜15ページ）

**1** (1) **ウ** (2) **イ**

(3) 例 **世界中の言語がすべて一つの言語だけに統一されること。**（26字）

(4) 例 **異なる文化間の競争や刺激がなくなり、人類の文化そのものがやせて廃れていくから。**（39字）

(5) **母国語**

(6) **a 具体的で感覚的な日本文化**

**b** 例 **日本文化を大事にし、後世に伝えていく精神を培っていく**（26字）

### 解説

**1** (3)「一元化」とは、「いくつかに分かれていることを、一つにすること」という意味である。また、4段落では、「世界中の言葉がすべて一つの言語だけに統一されてしまった」場合の問題点について述べられている。

(4)同じ5段落で、「異なる文化同士が接触し……私は信じています」と**筆者の主張**が述べられていることに注目する。筆者は、文化の多様性を大事にすることの重要性を述べているのである。多様性がなくなるとどうなるかについては、4段落の最後で、「人類の文化そのものがやせて廃れていきます」と述べられていることにも着目し、4段落の内容を用いてまとめる。

(5)日本人にとっての日本語は、「私たち人間」にとっての何にあたるか、を考える。3段落に「母国語を失うということは……消えることなのです」とある部分から抜き出す。

(6)本文は、日本語の歴史を知ることについて、言語と文化の関わりを踏まえて述べた文章である。aは、日本語を失うことについて述べた内容なので、「今話している日本語がなくなったらどうなるかという問題」について述べられている3段落に着目する。「言い換えれば」がヒント。bは、6段落の初めの一文に「日本語の歴史を知るということは……役立ちます」とあることから、この内容をまとめる。得点アップQ&Aを参照。

### 得点アップQ&A

Q **文章を要約するポイントは何ですか？**

A 文章を正しく要約するためには、**指示語**の内容を正しくとらえ、**繰り返し述べられている**重要語句に注意しましょう。

**・形式段落を要約する**

①筆者の意見や主張が書かれた文（**中心文**）を探す。↓中心文は段落の初めか終わりにあることが多い。

②中心文を削って短くする。↓結論的な内容を残し、具体例や理由などは削る。

③**中心文**をもとに、他の文で述べられている重要事項をつけ加えてまとめる。

**・文章全体を要約する**

①段落相互の関係を考え、中心段落をつかむ。↓筆者の意見がまとめて述べられている段落（**中心段落＝結論**）は、文章の初めか終わりの部分にあることが多い。

②中心段落の要点をもとにまとめる。↓まず、中心段落を簡潔にまとめ、そのあとで、他の段落で述べられている重要事項や重要語句をつけ加えてまとめる。

**・要約文作成時の注意点**

①重要語句は要約文の中に必ず入れること。

②同じような主張がなされている場合は、「つまり」「要するに」を含む文を利用するとよい。→中心文を使うとまとめやすい。
③主語（主部）と述語（述部）が対応した文にすること。

## 7時間目 〈小説〉場面・あらすじをつかむ

解答（16～17ページ）

1
(1) **肩**
(2) 例 **菜の花とれんげが一面に咲いている様子。**（19字）
(3) **エ**
(4) **葉名島の**
(5) **エ**
(6) **ア**

解説

1
(2) 直前の、「ヨウ」が見た「日向ッ原」の様子を「じゅうたん」にたとえたのである。
(3) **言葉の組み合わせは、どちらか確実にあてはまるものから選び、それからもう一方を考える。** **B**は、春になって木々が花を咲かせ始めたのだから、**ア**か**エ**が入る。**A**は、「ヨウ」が熱心に祈る様子を表す言葉が入るのだから、**ア**の「悲しく」ではなく、**エ**の「懸命に」だとわかる。
(4) 「ヨウ」の様子を描いたまとまりと、「葉名島」に春が来た様子を表すまとまりとに分かれる。
(5) 春の光景を見た「ヨウ」は、「やっぱり夢で見たとおりだよ」と言い、「その場で飛び跳ねると」「モグの首に抱きつい」て、春の到来を喜んでいる。また、「来目神社」にむかって熱心に祈っていることから、島で生きる他のものと同様に、何か新しいことが起こることを期待していることが読みとれる。
(6) 「春風の織ったじゅうたん」以外にも、「半月余り……踊っていた」「左手にとんがり帽子のように顔を見せる岬の白い岩肌」「春じゃぞ、春が来たぞ、と歌う潮騒の声」など、比喩を用いて春の風景を描いている。**イ**は、本文から「春の憂い」は感じられないので間違いである。**ウ**は、「ヨウ」の様子や「葉名島」の様子など、さまざまな視点から、春の到来を描いているので間違いである。**エ**は、本文中に「回想場面」は挿入されていないので間違いである。

## 8時間目 〈小説〉心情を読みとる①

解答（18～19ページ）

1
(1) 例 **女子がコンテストに出れば学校のPRになるので、校内選考で自分が選ばれるだろうと、ほかの学科の先生に言われたこと。**（56字）
(2) **ウ**
(3) **エ**
(4) **イ**

解説

1
(1) 心は「特別扱いされること」に関して、「コンテストには校内選考で勝たんと出られんのやけど、ほかの学科の先生から女子が出たほうが学校のPRになるから、私が選ばれるやろうって、言われた」ことを気にしている。
(2) 「特別扱いされること」を心は「嫌」だと思っていたが、「心のがんばりが自然と周りに浸透していったのか、部活の中では特別な扱いを受けると感じることもない」のだから、心にとっては「ありがたい」ことなのである。
(3) 心は「特別扱いされること」で悩んでいたのだが、祖母の「その男は女に負けるのが悔しいけん、そんな理由をつけるんやろ。気にせんでいい」という言葉や、「ちょっと意地悪な顔」に接して、それまでこだわっていた気持ちが和んだのである。
(4) **「いくぶん軽くなった気がする首を動かして」**とあるから、心は祖母と話をしたことで「少し気が晴れ」ていることがわかる。また、あわせて、この部分が「体の感覚についての表現」になっていることもおさえれば、**イ**が正答と判断できる。**ア**は、「敬語を多用した文体」にはなっていない。**ウ**は、心と祖母の気持ちが「だんだんとすれ違ってい」ってはいない。**エ**は、心の気持ちが「すっかり明るくなった」わけではないことから、それぞれ誤りである。
得点アップQ&A を参照。

得点アップQ&A

Q **小説の読解では、どのような点に気をつけたらよいですか？**
A 小説の読解では、登場人物の心情を読みとることが大切です。直接的な表現から読みとる方法と、間接的な表現から読みとる方法があります。

・**直接的な表現**から読みとる。→文章中から**気持ち・感情を表す言葉**を探す。例 余計にこたえた。

・**間接的な表現**から読みとる。

①人物の**行動・動作・態度**などからとらえる。
→登場人物がどうしてそのような行動や態度をとったのか、理由を考える。
例 ふっと力が抜けて、笑ってしまった。

②人物の**会話の内容**や、**声の調子**などからとらえる。
→登場人物がどうしてそのような発言をしたのか、心情を想像する。

③情景の明るさ・暗さからとらえる。
→情景が明るく表現されているときは、登場人物の心情も明るく、情景が暗く表現されているときは、登場人物の心情も暗い。

## 9時間目 〈小説〉心情を読みとる②

解答（20〜21ページ）

1
(1) **ア**
(2) **エ**
(3) **ウ**
(4) 例 **絵師に、これまで聞かれたことがなかった自分の考えをたずねられてうれしい気持ち。**（39字）

### 解説

1 (1)——線部①の前の和尚さんの言葉に注目すると、「何をやらしても、中途半端」な「春慶（＝小坊主）」に対してがっかりしていることが読みとれる。

(2)——線部②以外の「わたし」に注目する。「冬芽はついているものの、すっかり葉を落としたはだかのわたし」「この庭の木は、わたし一本だけ」という部分から、「わたし」はさくらの木であることがわかる。

(3)絵師の言葉に注目する。「さくらは、花の季節だけがうつくしいのではない。年中、うつくしい」と言っていることから、**ウ**が適切。**ア**は、「花の季節が最もうつくしい」が間違いである。**イ**は、「木の姿も、うつくしい。年月を経て、大きくなったさくらの木は、ことのほか」と言っているので間違いである。**エ**は、「殺風景」と考えているのはさくらの木自身であり、絵師の考えではないので間違いである。

(4)——線部④は、**小坊主のほおが紅潮していることを表現している。**「春慶どの、そなたは、さくらの何がうつくしいと感じますかな」と絵師に尋ねられた小坊主の様子として、「自分の考えなど、たずねられたこともない小坊主が、はっとして顔を上げました」とあること、そのあとの小坊主の言葉と「そう言った小坊主の瞳には、それまで見せたことのない、ひかりがありました」という様子から、**自分の意見を聞かれてうれしく感じている**ことがわかる。

得点アップQ&A を参照。

### 得点アップQ&A

**Q 心情の読みとりにつながる慣用表現には、どのようなものがありますか？**

A たとえば、人間の体の一部を用いた表現や、「気」「胸」「息」などの心情につながる言葉を用いたものを覚えておくとよいでしょう。

例
・「頭が上がらない」…引け目を感じて、相手に従わざるを得ない様子。
・「ほおがゆるむ」…うれしくて表情が和らぐ様子。
・「歯をくいしばる」…悔しさや怒り、痛みなどをじっと我慢する様子。
・「気をもむ」…心配していらいらする様子。
・「胸がすく」…気分がすっきりする様子。
・「息をのむ」…驚きなどで呼吸が止まったようになる様子。

## 10時間目 〈小説〉主題をとらえる

解答（22〜23ページ）

1
(1) 例 **加島を山につれていくこと。**（13字）
(2) **エ**
(3) 例 **他人の生死などに関心を示さない態度。**（18字）
(4) **エ**

## 解説

**1** (1)永松が、何のために加島のもとを訪れたのかを考える。永松は加島の店を訪れる前に、清水村からかかってきた電話に「加島重造をつれていく」「山に経験の深い加島が、おっつけ参加するから」と答えている。ここから、永松が意図していたことがわかる。

(2)**二次遭難の危険がある「遭難救助」に向かうということは、子供が生まれたばかりの加島にとって、簡単には決心することができない問題**だということをおさえる。

(3)加島が腹を立てていることは、「鋭い眼つきでトラックを見送って」という部分から読みとれる。加島が腹を立てた理由は、遭難者の命が危険にさらされているのにもかかわらず、トラックの運転手が「なあんだ、つまらない」の一言で片づけて走り去ったからである。

(4)「電話に永松がかかっている間に……彼はそこを動けずにいた」という描写から、加島の心の中には、〝遭難救助に行かなければならない〟という気持ちと、〝家族を残して危険な雪山に行くわけにはいかない〟という気持ちの、相反する二つの気持ちがあったことが読みとれる。しかし、**トラックの運転手が発した軽率な一言が、加島に遭難救助に向かう決心をさせた**のである。

得点アップQ&A を参照。

### 得点アップQ&A

**Q** **小説の主題とは何ですか？**

**A** 小説の主題とは、作者がその作品を通して、読者に最も伝えたいと思う中心的な考えのことです。主題をとらえるには、次の三つの点に注意するとよいでしょう。

・**主題のとらえ方**

①中心人物(主人公)をおさえる。

a **主人公の発言**に着目する。→主人公の言葉には、作者の考えが反映されていることが多い。

b **主人公の行動**に着目する。→主人公の行動は、作者の訴えたい考えや意図と密接な関係がある。

②**主人公の心情の変化**に着目する。→主人公の心情が変化するきっかけや過程に、作者の意図や考えが反映されている。

③**クライマックス**(最も盛り上がるところ)を見つける。→クライマックスにおける、主人公の言動(=作者の考え)をおさえる。

## 11時間目 〈随筆〉筆者のものの見方・考え方をとらえる

解答(24～25ページ)

**1** (1)**エ** (2)**イ** (3)**ウ**

(4)**他人の世界**

(5)**彼にはとて～てください**

(6)例 **「常識」とは地域や家庭などの生きてきた環境によって違いのあるもので、個人的な考え方の尺度であると言えるから。**(54字)

## 解説

**1** (2)Aの段落では、「個人個人の考え方や生きてきた環境が違えば」、「常識」も異なるということの例として、筆者の両親の「雑煮」に対する「常識」の違いを挙げている。Bの段落の初めに、説明の接続語「つまり」があることに着目すれば、Bの段落では、Aの段落で挙げた「雑煮」の例をさらに掘り下げて、「常識」について分析し、「『常識』とは大変個人的な考え方の尺度だ」という自分の意見を導いていることがわかる。

(3)直前の一文の、「ここ(世間)では身内の世界で学んだ『常識』がいろいろな形で試されることになる」に着目する。「世間さまに笑われる」「世間に出て恥をかく」は、自分の「常識」が「世間」から「常識外れ」だと言われたら困る、という日本人の心理から来ている。このような言葉が、**日本人は「世間」での評価を非常に気にする民族だということを示している**のである。**ア**は、「『常識』にとらわれない行動をとっている」の部分が間違いである。**イ・エ**は、それぞれ「世間」での評判に対する考えが本文と合っていない。

(4)ここより前で紹介された、日本人の生活にある「身内の世界」「世間」「他人の世界」の三つの世界に着目する。そして、日本人が、恥をかきすててもかまわない、つまり、「誰も知っている人がいなければ、何をしてもいい」と考える「旅先」は、この三つの世界のうち、どれにあてはまるか、と考える。

(5)指示語が示す内容はそれより前にあることが多いので、この場合も前の部分から探す。「アメリカ人にとってはそんなことを言われるのは、常識外れということらしい」とあることから、筆者が世話になったアメリカ人への伝言を彼の妹に頼んだときの言葉を指しているとわかる。

(6)筆者の両親の「雑煮」に関する「常識」の違いや、欧米人と日本人との「常識」の違いを述べた例から導き出された、――線部⑤の直前の「つまり、『常識』というのは、そのくらい地域や家庭によって違う、ということだ」や、**B**の段落の最後の一文の「つまり『常識』とは大変個人的な考え方の尺度だ」に着目してまとめる。「常識」は、環境や人によって異なるものであるため、「普遍的」ではなく、「合理的」とも言えないと、筆者は結論づけたのである。

得点アップQ&A を参照。

**得点アップQ&A**

**Q 随筆で、筆者のものの見方や考え方をとらえるためにはどうしたらよいですか?**

A 筆者のものの見方や考え方をとらえるには、事実と意見を分けて、筆者の感想が書かれている部分を見つけましょう。

・**事実**
①筆者自身が体験したこと。
②筆者が見聞きしたこと。
③だれもが知っている常識的なこと。

・**意見**
①筆者の感想を述べている。
②事実に対して、疑問を投げかけている。

・**感想の要点をおさえ、ものの見方をとらえる。**
①何度も**繰り返されている感想**をおさえる。↓筆者の最も述べたいこと(主題)であることが多い。
②**結論**や**心情**を述べた表現をつかむ。↓結論には筆者の考え方がまとめられている。
③筆者独特のおもしろい表現や言い回しに注意する。↓筆者が何に関心を持ったのかをおさえる。

## 12時間目 〈随筆〉主題をつかむ

解答(26〜27ページ)

**1**
(1)**ウ**
(2)**なにもなしの自由**(の時代)(8字)
(3)例 **戦争が終結し、自分が生き残ったといううしろめたい**(24字)
(4)**ア**
(5)例 **戦争の死者と生きのびた自分を切り離すことができず、単純に戦争を語ることができない複雑さがあるから。**(49字)

### 解説

**1** (1)――線部①の前に「みんなが戦争熱に浮かされていた、というのは嘘だ。子どもまで、みんなが目をつりあげて、戦争にかりだされた、なんてのも嘘だ。けっこう、戦争なんてどうでもええや、といったサボりもいた」とある。**ア**は、「戦争に動員されてしまった」ことをいっているのではないので間違いである。**イ**は、「後世の人間はそれを信じることしかできない」とは述べられていないので間違いである。**エ**は、「戦争に反対し、参加を拒絶する人もいた」ことは述べられていないので間違いである。

(2)――線部②のあとで、どのような時代だったかが説明されている。「なにもなしの自由、それがその時代だった」とまとめられている部分をおさえ、そこから十字以内で抜き出す。

(3)□の前の「原爆で亡くなったたくさんの人がいることで、」を手がかりに考える。――線部③の前の段落に「戦争の悲惨について語ることが、ぼくにはとても、うしろめたい。戦争での死者たちのおかげで、敗戦が確定し、それでぼくは命ながらえている思いがする」とある。また、――線部③を含む段落に「たとえば、原爆に関して」とあり、「広島や長崎の市民たちの死とひきかえに、戦争が終わり、ぼくの命が残っている」という思いが**具体的に描かれている**。

(4)――線部④の前に「自分の生死すらが不確実な時代、他人の死とのかかわりで自分の生を考えるまでの余裕は、あまりなかった」、あとに「戦後の空白の自由にも、死者たちのかげがあった。でもそれは、しめった涙ではなかった。それでぼくは、涙とのかかわりで、戦争について語ることができない」とある。**イ**は、「あらゆるものに対して夢中になれない雰囲気」については述べられていないので間違いである。**ウ**は、「戦争体験について語れないこと」が「生きている実感をもてない雰囲気をもたらした」とは述べられていないので間違いである。**エ**は、「感情を排して暮らさなければいけない」とは述べられていないので間違いである。

(5)**――線部が「伝えること」について述べていることに注目して、本文全体を読みとる。**すると、七段落目以降に、「戦争の悲惨について語ることが、ぼくにはとても、うしろめたい」「戦争について、ぼくが語れるのは、悲惨についてでなく、むしろ、死者によって生きのこった、といったぐらいのことだ」と書かれている。**筆者は、戦争について、死者と生きのびた自分を切り離すことができない「複雑」な思いを抱いており、「戦争の悲惨」を単純に語ることはできないと感じている**のである。得点アップQ&Aを参照。

### 得点アップQ&A

**Q 随筆の主題とは何ですか？**

A 筆者が一番言いたいことが、主題です。次の五つの点に注意して、主題をとらえましょう。

**・主題のとらえ方**

①随筆の種類を知り、話題をおさえる。
　a **知識的随筆**＝研究や体験の中で、感じたり考えたりしたことを書いたもの。
　b **思索的随筆**＝人生や自然、生活について考えたことを書いたもの。
　c **情緒的随筆**＝おりおりの心情や感動を中心に書いたもの。
②筆者が文章を書いた**きっかけ**をとらえる。
　↓文章の初めの部分に着目し、問題点や動機をとらえる。
③段落ごとに**事実**と**意見**を読み分ける。
　↓何度も繰り返し述べられている筆者の意見やものの考え方から、主題を読みとる。
④筆者の**心情**を表す重要な語句をとらえる。
　↓主題を暗示する重要な一言を、文章の終わりに着目して探す。
⑤**文章の構成**を考え、まとめの段落を探す。
　↓文章全体をまとめた意見から、主題を読みとる。

## 13時間目 〈随筆〉表現を理解する

解答（28〜29ページ）

**1**

(1) **ウ**

(2) 例 **季節による毛の色の変わり方や色そのもの、えさの食べ方などが違うこと。**（34字）

(3) **エ**

(4) ① 例 **貫禄のある父親リスが、えさを見つけて食べるかわいらしい姿。**（29字）
② **・思わず見ほれてしまうのである**
**・ただもう、うっとりとその寝姿を見守るほかはない**

(5) **イ**

### 解説

**1** (1) **ア・イ・エ**は、それぞれ「川を下る」「初めて売る」「荷を造る」となり、修飾・被修飾の関係とわかる。

(2) 三匹のリスを見分ける手がかりは「季節による毛の色の変わり方」「色そのもの」と、「えさの食べ方」が挙げられている。筆者は、三匹のリスがベランダにやってきたときに、彼らをくわしく観察してこれらの違いに気づいたのである。

(3) 同じ段落の初めに「子どもは、まだ何事にも慣れていないから、臆病で落ち着きがない」と述べられている。

(4) ① 指示語はそれより前の内容を指していることが多い。この場合は、前の段落に書かれている父親リスの「なんともかわいらしい姿」を見て「至福を感じ」ているとわかる。このような父親リスの姿を指定字数内で具体的にまとめる。

② ①のような父親リスの姿を見て筆者が抱いた思いと、「母親リス」が丸太の上でえさを食べたあと、カラマツの大木の枝に移って、「うずらの卵ほど

のこぶを抱くようにしてしばしのうたた寝を試みる」姿を見て抱いた思いとを比べて、「上には上がある」と述べているのである。
(5)本文は、読者が想像しやすいよう、子どものリスがベランダにくる様子や父親リスがえさを食べる様子、母親リスがうたた寝するときの様子など、ベランダでの三匹のリスの様子を具体的にわかりやすく描写している文章である。得点アップQ&Aを参照。

## 得点アップQ&A

**Q 随筆の表現の特徴をとらえるには、どのような点に注意したらよいですか？**

A 表現技法に注目することも大切ですが、筆者独特の表現や、文章全体での表現の特徴に着目することも大切です。

・**主な表現技法**

①**比喩**

a **直喩**（明喩）→「ようだ」「ごとく」などを用いてたとえる。

例 まるで父親から教わったかのように……寸分違わぬコースをやってくる

b **隠喩**（暗喩）→「ようだ」「ごとく」などを用いないでたとえる。

c **擬人法**→人でないものを人のように見立てる

②**倒置**→言葉の語順を普通とは逆にする。

③**省略**→全部を言い切らないで省略する。 例 両親と今年生まれた子ども（ではないかと思っている）。

④**反復**→同じ言葉を繰り返す。

⑤**擬声**（音）**語**→音声をまねた言葉。

⑥**擬態語**→状態や動作を感覚的に表現する。 例 ふさふさのしっぽ

⑦**現在法**→過去のことを、現在形を用いて、今、目の前で見ているように、生き生きと表現する。 例 子どもは……臆病で落ち着きがない。

・**文章の特色をおさえる**

①**文の長さ**

→短い文は、きびきびとした引き締まった感じを与え、長い文は、心情や場面を細やかに伝え、やさしい感じを与える。

②**文末**

→常体が用いられている文は引き締まった感じを与え、敬体が用いられている文はやわらかい感じを与える。

③**和語と漢語の割合**

→漢語が多い文はかたく、力強い感じを与え、和語が多い文はやさしく、やわらかい感じを与える。

## 14時間目 〈詩〉情景をとらえ、主題をつかむ

解答（30〜31ページ）

1 (1) A エ B ウ (2) ア

2 (1) ア (2) 例 特別な（3字） (3) イ・オ（順不同）

### 解説

1 (1)「とすれば」の直前に、「何のためでもない美しさ！」とあることから、Bには「何のためでもない美しさ」があてはまる。第二連の、「およそ何のための美しさ」とは、「正六角形の不思議な花」の美しさであるので、Aは「正六角形の不思議な花の美しさ」であることがわかる。第一連〜第三連の内容から、雪の花の美しさが、「見せるための」美しさではなく、「何のためでもない美しさ」であることを読みとる。

(2)**まず、何について書かれた詩なのかを考える。**「雪の花」という題から、雪の花についての詩であることがわかる。第四連の、「雪よ お前の神秘的な美しさは／その見えない花の力によるのではないか」に着目し、「見えない花の力」によって雪が美しいということを述べていることを読みとる。「見えない花」とは、「正六角形の不思議な花」のことである。

2 (1)**ア**「擬人法」は用いられていない。**イ**「倒置」は最後の二行で使われている。**ウ**「反復」は、「それはいつでもきみの目のまえにある。」という表現や、「ちがう、」「じゃない」といった否定表現が繰り返されており、使われている。**エ**「体言止め」は、「なにげなくて、ごくありふれたもの。／誰にもみえていて誰もがみていないもの。」の二行で使われている。

(2)——線部のあとで、「幸福」について、「なにげなくて、ごくありふれたもの。」と表現されている。——線部の「とんでもない」は否定されているので、「なにげない」「ありふれた」とは反対の「特別な」という意味を表している。

(3)**この詩は、「きみ」という表現を使って、呼びかけるように描かれている。**また、「なにげない」「ありふれた」場面を描いて、「幸福」について表現している。よって、**イ**と**オ**が適切。**ア**は、「思い入れの深い題材」が、「何でもない」「なにげなくて、ごくありふれたもの。」といった詩の表現と合わない。**ウ**は、「幸福は放っておけばやがて消えてしまうものであり、とらえることが難しいということを強調している」が詩の内容と合わない。**エ**は、この詩における「外来語」が、「作者と読者一人ひとりとの間での幸福感の行き交いが国境を越えて広がっていくことを印象づけている」とはいえない。

得点アップQ&A を参照。

**得点アップQ&A**

Q **詩に書かれている内容はどうやって読みとればよいですか？**

A 詩の主題をとらえることが大切です。詩の種類や表現技法などに注目し、情景や心情をつかむとよいでしょう。

・**詩の種類**をとらえる。→次の三点に着目して、リズムを味わいながら、詩の雰囲気をとらえよう。

①形式をおさえる。
a **自由詩**→音数にきまりがない詩。
b **定型詩**→音数にきまりがある詩。
c **散文詩**→普通の文章のように書かれた詩。

②用語を区別する。
a **口語詩**→現代の言葉で書かれた詩。
b **文語詩**→昔の書き言葉で書かれた詩。

③内容を理解する。
a **叙情詩**→作者の感情を中心に書いた詩。
b **叙景詩**→景色を中心に書いた詩。
c **叙事詩**→歴史上の事件などを中心に書いた詩。

・**表現技法**を理解する。→**比喩**、**反復**、**倒置**、**対句**（＝似た内容や対立する内容を、表現の形を同じにして並べる）、**体言止め**（＝文末を名詞で止める）など、表現技法が用いられている部分に、**作者の感動の中心**があることが多い。

・情景や心情をとらえる。→作者の感動の中心や伝えたいことの中心を読みとり、主題にせまろう。

## 15時間目 〈短歌・俳句〉形式を理解し、鑑賞する

解答（32〜33ページ）

**1**
(1) a E　b D
(2) a B　b A
(3) ウ　(4) D
(5) 停車場の人ごみの中

**2**
(1) ア
(2) 大きくゆがんだ球
(3) イ
(4) エ

### 解説

**1** (1) a **E**は「なんでもない会話」と「なんでもない笑顔」の部分が、**対**になっている。
b **D**は最後の句が「父母の家」という**名詞**で終わっている。

(2) a **B**の「桜咲くらむ（＝桜が咲いているだろう）」に着目する。
b **A**の「雪かがやけば」に着目する。

(4) **B**と**D**の二つが「母恋し」「海恋し」と**初句切れ**になっているが、「潮の遠鳴り」を聞いて育ったという「聴覚的な記憶」が詠まれているのは、**D**である。

(5) 鑑賞文中の「都会の人々が何気なく話す言葉」「自分だけが他人とは違う言葉（＝ふるさとの訛）を話しているのではないだろうか」から、**C**の鑑賞文だとわかる。そして、**C**の作者は、「そ（＝ふるさとの訛）」を聴くためにどこへ行ったのか、と考える。

**2** (1) 季語は「しゃぼん玉」、季節は「春」。鑑賞文中に「しゃぼん玉は晩春の光だけでなく」とあることからもわかる。

得点アップQ&A を参照。

(2)「空中を浮遊する直前の形」とは、「ムギワラの管」から離れる直前の形のことである。

(3)鑑賞文中の「しゃぼん玉の七彩は太陽光線の分析であるから」に着目する。晩春よりも初夏のほうが太陽光線の量が増えるので、しゃぼん玉がより美しくなるのではないかと、筆者は考えたのである。得点アップQ&A を参照。

(4)重さのないしゃぼん玉が、風に吹かれて浮遊する様子にふさわしい言葉を選ぶ。

**得点アップQ&A**

**Q 短歌や俳句の問題が苦手です。短歌や俳句を鑑賞するためのポイントはありますか?**

A 短歌や俳句の鑑賞では、詠まれている出来事や風景だけではなく、作者の思いを読みとることが大切です。短歌や俳句の表現技法に注意して歌や句を味わい、情景を思い浮かべるなどして、感動の中心をとらえましょう。

**・短歌の鑑賞**

①形式・句切れをとらえる。

a 形式→**五・七・五・七・七の三十一音**。また、三十音以下は**字足らず**、三十二音以上は**字余り**という。

b **句切れ**→どこで意味が切れているかをおさえ、感動の中心をとらえる。心情を表す言葉を含む句が、句切れになっていることが多い。句切れの種類は、**初句切れ**、**二句切れ**、**三句切れ**、**四句切れ**、**句切れなし**、の五種類があり、初句切れと三句切れは、**七五調**(軽快でやさしい感じの歌調)、二句切れと四句切れは、**五七調**(重厚で力強い感じの歌調)になる。

②表現技法を理解する。→**体言止め**、**倒置**、**枕詞**《まくらことば》(=ある特定の言葉を導く語で、歌の調子を整える働きをもつ。普通は五音)など、表現技法が用いられた部分に**作者の感動の中心**があることが多い。

③情景をとらえる。→うたわれている場所や季節など、背景をとらえ、情景を読みとる。

④心情をとらえる。→作者の行動を表す言葉や、**句切れ**のある句に着目し、全体の雰囲気から作者の心情を考える。

**・俳句の鑑賞**

①形式・季語・切れ字をとらえる。

a 形式→**五・七・五の十七音**。ただし、表現効果を考えて、十七音の形式を守らない**自由律俳句**もある。

b **季語(季題)**→季節を表す言葉を必ず入れる約束がある。季語があらわす季節は、実際の季節とは一か月程度ずれているものが多いので注意する。例 七夕=秋

c **切れ字**→意味の切れるところに用いられる語。切れ字のある句に感動の中心がある。代表的な切れ字には、「**や・かな・ぞ・けり・よ・か・つ・ぬ**」などがある。

②情景と心情をとらえる。

a **季語**から季節をつかむ。

b **切れ字**に着目して、感動の中心をつかむ。

c 何が詠まれているかをとらえる。

d 作者の位置・視点をとらえる。

e 俳句には省略が多いので、省略された言葉を補う。

## 総仕上げテスト ①

解答（34～36ページ）

**1** (1) **料理をしないひとが増えてきた**（こと。）（14字）

(2) **イ** (3) **ア**

(4) 例（調理の過程が）**「マイホーム」に内部化され、さらにコンビニエンス・ストアなどの外部に委託されつつある。**（43字）

(5) **5・6**（順不同） (6) **エ**

**2** (1) **ア** (2) **ゆめ**

**3** 問 **イ**

### 解説

**1** (1)「たしかな事実」とは具体的にどんな事実か、と考える。直前の「コンビニエンス・ストアやデパートの地下の食料品売り場、あるいは夜の居酒屋などの風景」や、直後の「昼休み」の光景からわかることである。このことから筆者は「料理をしないひとが増えてきた」ということが、「たしかな事実」のようだと考えている。

(2)言葉の意味がわからない場合は、直前の「朝から晩おそくまで、料理番組やグルメ番組がずらっと並んでいる」から判断する。

(3)直前に「視聴者があとで作るであろうことは計算に入っていない」とあることに着目する。それなのに、料理番組としてなりたっているのはおかしいのではないか、と筆者は感じているのである。

(4)むかしは露地の共同炊事場（公共の場）で行われていた調理が、現在は「マイホーム」の中で行われ、さらにはコンビニエンス・ストアやデパートの地下の食料品売り場や居酒屋といった外部に委託されつつあるという流れをおさえる。ここでは「調理の過程が、どのようになり、さらにどのようになりつつあるのか」と問われているので、過去から現在への調理の変化についてまとめる。

(5)6段落の初めに、「それとほぼ並行して」とあることに着目して考える。4～8段落の構成は、4段落で意見を述べ、5・6段落で、4段落の根拠を「調理」と「排泄」（5）、「出産や死」（6）という具体例を挙げて説明し、7段落で4～6段落の内容をまとめ、最後に8段落で、本文全体をまとめた結論を述べている。

(6)7・8段落の内容に着目する。「家庭内にのこされたそういう（＝人間が自然の一メンバーであることを思い知らされる）種類の最後のいとなみが、調理だった」という内容に**エ**が合う。**ア**は、「現代人の食生活やテレビ番組を見ても」の部分が間違いである。**イ**は、「調理」は公共の場や家族で行う「共同作業」とは述べられていないので、間違いである。**ウ**は、家庭内から消えようとしているのは「文明の象徴とされる火」ではなく「調理」なので、間違いである。

**2** (2)「わたしたち」一人ひとりが「むね」の中にもっているものである。鑑賞文中の「□でいっぱいの地球」や『希望』という題名につながっています」からも、何を指しているかがわかる。

**3** **ア**は、「眼のごとき沼」は「単純なたとえ」ではないので、間違いである。**ウ**は、「万緑」で生き生きとした自然の様子を表しているので、「季節への哀愁」は間違いである。**エ**は、夏の日の光をあびて金色に見える「向日葵」の様子からは、「すずしげな」印象は受けないので間違いである。**オ**は、薔薇の様子を詠んだ短歌であり、人間にたとえているわけではないので間違いである。

## 総仕上げテスト ②

解答（37～39ページ）

**1** (1) 例 **箱根は自分たちがとうてい走ることができない実体のない山ではないということ。**

(2) **エ**

(3) 例 **正月までに上位校とのタイムの差を縮めて優勝できるレベルまで、自分たちが強くなれる確信が持てないから。**

(4) **ア**

**2** (1) 季語 **蛙** 季節 **春**

(2) **ウ**

(3) a **数字に刻まれた** b **心の静けさ**

## 解説

**1**

(1)「蜃気楼」とは、光の屈折によって実際にないはずのものが見える現象である。ここでは、手が届かないことを、実体のない「蜃気楼」にたとえている。箱根の山は箱根駅伝の本戦のコースであり、寛政大学は予選会を八位で通過したため、箱根の山が実体として見えてきた(＝実際に走る権利を得た)のである。

(2)——線部②の前後のジョージの言動に着目する。——線部②の前では、予選会のタイムを見て納得しない様子で「頂点って優勝じゃないのか？」と走に話しかけている。——線部②のあとでは、寛政大学と予選会一位のチームとのタイム差を挙げ、「箱根で優勝するような大学の選手は、いったい二十キロをどれぐらいの速さで走るの？」と述べている。このことから、ジョージは目標を箱根駅伝で優勝することと考えており、予選会のタイムを見て、通過したからと喜んではいられないと考えていることがわかるので、**エ**が正答である。**ア**は、「いら立ってきている」ことは読みとれないので間違いである。**イ**は、「恐ろしくなってきている」のではないので間違いである。**ウ**は、ジョージと同じ思いであるジョータの「頂点を取ろうって言ったよな」や、ジョージの「頂点って優勝じゃないのか？」という言葉から、「箱根駅伝に本気で取り組」むつもりがなかったのではないとわかるので間違いである。

(3)走は、ジョータから「俺たちも練習すれば、正月までにその(＝箱根駅伝で優勝できる)レベルになれるのか？」と問われたことに対して、「なにも答えられなかった」のである。走は、予選会で八位のチームが約七十五日後の本選までに優勝できるレベルまでタイムを縮められるか、確信が持てなかったのである。

(4)寛政大学や城南文化大学、新星大学の予選会のタイムが具体的な数字で書かれていることから、**ア**が正答である。**イ**は、登場人物をニックネームにすることで、フィクション性が演出されているとはいえない。**ウ**は、会話のテンポの良さによって、選手たちの絆の深さが示されているとはいえない。**エ**は、「燦然」や「咆哮」はともに、寛政大学の予選通過が決まったあとで出てくる言葉であるため、「予選会の重々しい空気感をかもしだしている」とはいえない。

**2**

(1)蛙《かえる》は春の季語である。

(2)解説文の第二段落に着目する。「蛙の水に飛び込む音」は「作者の雑念のない心によってすくい取られた音」であり、「生き物の命の躍動を聞き取った」とある。

(3)**a**の直前の「正確さが求められる、学校や職場で流れるような」時間とは、最後の段落にある「数字に刻まれた」時間である。**b**には、**a**のような時間と対比されている「時計を忘れた『時間』」、すなわち、俳句を詠むときの芭蕉の心境に関する言葉が入る。この心境については、解説文の第二段落で「心に悩み事や……その心の静けさの中に聞こえてきた」と説明されている。